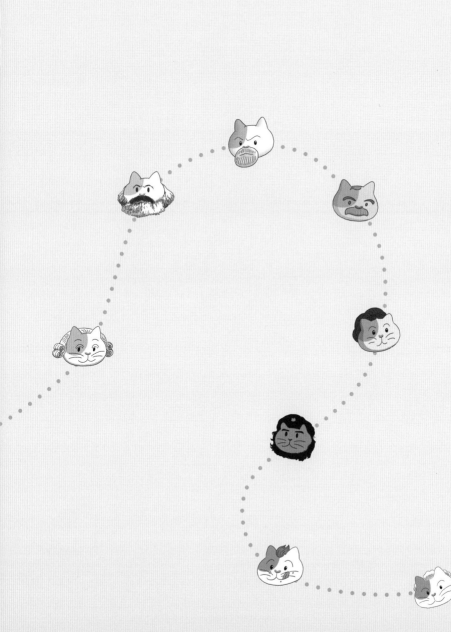

고양이 맙소사, 소크라테스!

산책길에 만난 냥도리 인문학

고양이 맙소사, 소크라테스!

박순찬 그림
박홍순 글

ViaBook Publisher

고양이들을 위한 인간 설명서

안녕?
내 이름은 냥도리!

오늘은 고양이 여러분에게
인간을 몇 명
소개하려고 해.

인간은 시간과 공간 안에서 살아가지. 아, 물론 고양이도 그렇고. 우리는 스스로를 자유로운 존재라고 생각하지만, 사실은 시간과 공간의 굴레에 갇혀 있어. 지금 우리가 보편적인 상식이라고 생각하는 개념들은 몇몇 사건이 있기 전까지는 혁신적인 헛소리에 불과했고, 난데없이 나타난 것처럼 보이는 발상들은 대부분 과거로부터 빌려온 것이야. 아무리 천재적인 고양이라 해도, 또 아무리 특출난 인간이라 해도 홀로 자유로울 수는 없어.

오늘의 세상과 우리 자신을 이해하려면 지금 우리가 무엇을 딛고 서 있는지 알아야 해.

바로 오랜 역사를 거치며 사상가들이 쌓아온 시대정신이지.

　고양이의 역사는 섣불리 살피기에는 너무 위대하니 잠시 미뤄두고, 이 책에서는 고양이의 역사와 제법 비슷한 흐름으로 흘러온 인간의 역사를 살펴보려 해. 역사란 떼어놓고 보면 개별 사건의 집합처럼 보이지만 멀리서 보면 뚜렷한 흐름이 있어. 그 흐름의 방향을 이 책에서는 '시대정신'이라고 부를 거야. 겉으로 드러난 개별 사건의 뿌리를 들여다보고, 사건과 사건의 연결고리를 잡고, 나아가 우연을 넘어선 동인을 찾아내기 위해서는 그 시대에 스며들어 있는 정신을 읽어내야 해. 철학, 과학, 경제학… 나비의 날갯짓이 지구 반대편에 태풍을 불러일으키듯, 뜻하지 않게 출현한 아이디어가 거대한 흐름을 만들고 그 시대를 살아가는 고양이와 사람 들의 생각을 움직이기도 하지. 이 책에서는 그 아이디어를 만든 인간들을 소개하려 해.

문제는 시대정신을 바꾼 인간들을 만난다는 게 말처럼 쉽지 않다는 점이야. 일단은, 대부분 죽었거든. 본인을 찾아가 물어볼 수 없으니 도전하는 마음으로 책을 집어 들어보지만, 대부분의 고양이가 여기서 포기하지. 거의 예외 없이 친절함이라고는 도무지 찾아보기 어려운 글 범벅이라 고양이 입장에서는 아무래도 난처해.

그래도 엄두를 내야 시작할 수 있어. 이 책은 고양이 여러분이 인간을 더 잘 이해할 수 있도록 돕기 위해 만들어졌어(물론 인간 여러분이 읽어도 문제는 없어). 나 혼자서는 힘에 부치는 일이라 두 명의 인간에게 도움을 받았어. 철학, 역사, 예술 등에 정통한 인문학자 박홍순 선생과 나, 냥도리를 낳아준 박순찬 작가가 골치 아픈 사유들을 재치 만점의 만화와 카드 뉴스 형식의 그림으로 친절하게 설명해주지. 덕분에 세상 따분한 이야기가 각각의 흥미로운 단막극으로 다시 태어났어.

시대도 다르고 모양도 다른 구슬들을 한 줄로 꿰기 위해 고대에서 현대에 이르기까지 시대별 정신을 대표하는 인물 15명을 엄선했어. 각 시대의 주요 경향을 개척하고 완성한 인물들이야.

고양이 여러분과 몇몇 인간 여러분이 이 책을 통해 우리가 통과해온 사유의 변곡점을 찾아내고, 이들이 가진 문제의식에 대한 윤곽을 파악할 수 있으면 좋겠어. 호기심과 재미를 느껴서 이 인물들의 개별 저작을 찾아 본격적인 공부에 도전해보고 싶은 욕심이 생긴다면 이 책은 성공한 것이겠지. 테스형보다 귀여운 테스냥부터 체 게바라만큼 멋진 냥 게바라까지, 지금부터 나 냥도리를 따라 시대를 대표하는 고양이, 아니 인간들을 만나러 가볼까?

CONTENTS

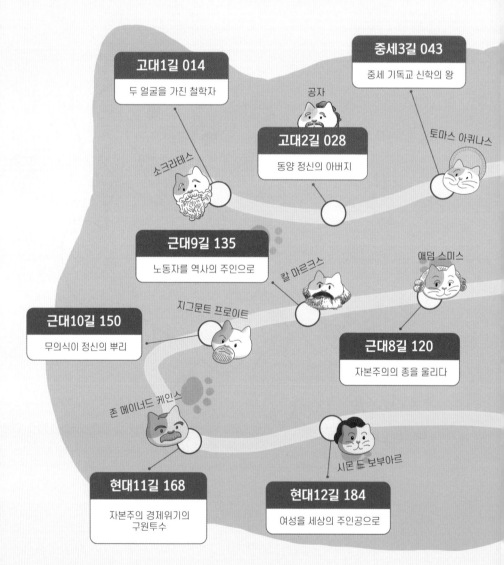

고대1길 014
두 얼굴을 가진 철학자
소크라테스

고대2길 028
동양 정신의 아버지
공자

중세3길 043
중세 기독교 신학의 왕
토마스 아퀴나스

근대9길 135
노동자를 역사의 주인으로
칼 마르크스

근대10길 150
무의식이 정신의 뿌리
지그문트 프로이트

애덤 스미스

근대8길 120
자본주의의 종을 울리다

존 메이너드 케인스

시몬 드 보부아르

현대11길 168
자본주의 경제위기의
구원투수

현대12길 184
여성을 세상의 주인공으로

머리말
고양이들을 위한 인간 설명서
004

읽으면 좋고, 안 읽어도 그만
도슨트 투어
244

단테 알리기에리
중세4길 058
사랑의 감정으로
르네상스를 열다

니콜라우스 코페르니쿠스
중세5길 073
과학으로 세상을 뒤집어놓다

근대6길 090
근대사회의 가장 큰 기둥

장 자크 루소

아이작 뉴턴
근대7길 105
과학의 승리를 선언하다

자크 데리다
현대15길 229
현대의 해체와 미래

베르너 하이젠베르크
현대14길 214
양자역학을 통한
과학혁명

체 게바라
현대13길 199
현대 해방운동의 아이콘

고대국가와 중세사회

01
두 얼굴을 가진 철학자

소크라테스

02
동양 정신의 아버지

공자

03
중세 기독교 신학의 왕

토마스 아퀴나스

04

사랑의 감정으로
르네상스를 열다

단테 알리기에리

05

과학으로 세상을
뒤집어놓다

니콜라우스 코페르니쿠스

01

소크라테스 Socrates, B.C. 469~399년

고대 그리스의 철학자. 아테네에서 태어났다. 소크라테스 이전까지 서양철학은 자연의 본질을 탐구하는 데 힘을 쏟았다. 소크라테스는 인간 내면을 탐구 대상으로 삼으며 철학의 방향을 완전히 바꿔놓았다. 소크라테스는 진리란 상대적이고 주관적인 것이 아니라 단 하나의 순수한 근원에 있다는 절대론을 주장했다. 그는 평생 용기, 덕, 현명함, 정의 등의 본질을 탐구하려 노력했으며 인간의 본질이 신체가 아닌 정신에 깃들어 있다고 보았다. 한편 소크라테스는 민주주의를 반대하는 인물이기도 했다. 민주정에 반하는 쿠데타가 여러 차례 일어나자 신성모독죄와 젊은 세대들을 타락시킨 죄로 기소당했고 71세의 나이에 사형되었다.

소크라테스가 직접 남긴 저작은 없다. 소크라테스의 제자인 플라톤을 비롯한 동시대 철학자들의 기록을 통해 소크라테스의 목소리를 만날 수 있을 뿐이다.

"집사, 너 자신을 알라."

냥크라테스 Nyangcrates

소크라테스

두 얼굴을 가진 철학자

"알라!"라는 말은 상대가 알지 못함을 전제로 한다.
무지無智를 질타하는 내용이다.

철학 대상을 자연에서 인간 자신으로 바꾸다

소크라테스 이전까지 철학의 주된 탐구 대상은 자연이었다.

탈레스는
만물의 근원을
물

데모크리토스는 만물의 근원을
원자에서 찾았다.

소크라테스는 탐구 대상을
자연에서 인간으로 옮기며
발상의 전환을 시도했다.

"너 자신"이란 인간의 정신을 뜻한다.

소크라테스에 따르면 대부분의 사람은 명예와 명성을 얻으려 할 뿐,
지혜와 진리를 통한 영혼의 향상은 추구하지 않는다.

"알라!"는 진정한 앎을 향한 열망이다.
소크라테스는 질문을 통해 무지를 자각하게 하는 방식으로
상대가 새로운 지혜에 가닿게 도왔다. 그는 이 활동을 산파술이라고 불렀다.

의사에게 질병의 증세를 물으면 잘 대답하겠지만,
생명의 가치를 물으면 대답할 수 있을까?

소크라테스는 **왜** 죽었고,
누가 죽였을까?

난폭한 독재자가
선량한 철학자를 죽인 걸까?

그리스 시민 다수의 뜻을 어겨
죽었을까?

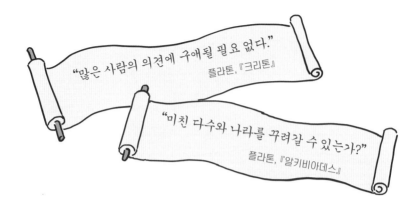

소크라테스는 여론과 다수 중심의 민주주의에 분개했다.

그는 정신적으로 뛰어난 소수에게서 진리의 가능성을 찾았으며,

다수결에 반대했다.

"운동 선수는 만인과 전문가 중
누구의 의견을 따라야 하나?"
플라톤, 『크리톤』

축구 선수는
관중과 감독 중
누구의 지시를
들어야 할까?

한 사람, 즉 전문가를 따르라 한다. 아테네 민주주의의 다수결 원칙에 대한 정면 반대다.

민주정에 반대하는 쿠데타가 몇 차례 일어났다.
소크라테스는 쿠데타의 주역들과 친밀한 관계를 맺고 있었고,
신성모독죄와 젊은 세대들을 타락시킨 죄로 기소당했다.

추첨으로 정해진 501명의 배심원이 사형 판결을 내렸다.

공자 孔子, B.C. 551~479년

중국 춘추시대의 사상가이자 정치가. 유가의 시조로, 공자와 제자들이 나눈 문답을 기록한 『논어』에 공자의 중심 사상이 설명되어 있다. 국가와 사회를 이끌어갈 지도층 인사로서 군자가 갖춰야 할 덕목으로 강력한 군사력을 꼽던 당대의 인식과 달리 인격의 완성을 군자의 가장 중요한 요소로 보았으며, 그중에서도 가장 중요한 덕목을 인仁이라 여겼다. 인간이 가져야 할 가치라는 점에서 인본주의를 지향했으며, 이는 백성에 대한 보살핌을 중시하는 정책으로 이어졌다. 공자는 난세를 전쟁이 아니라 평화로 평정하려 한 인물이었다. 유가의 이상적 정치를 실현하기 위해 14년 동안 전국을 주유했으나, 그의 주장에 귀 기울이는 왕이 없어 고향에서 후학 양성에 전념하다 생을 마쳤다.

"고양이는 고양이답고
짐사는 짐사다워야 한다."

공냥

공자

동양 정신의 아버지

모든 한국인은 자기도 모르는 사이에
공자의 제자다.

살아야 할 공자

죽어야 할 공자

조선시대에 처음 뿌리 내린 공자의 유가 사상은

지금까지도 우리 사회 전반에 깊은 영향을 미치고 있다.

오늘날 공자에 대해서는 극단적으로 다른 평가가 공존한다.

살아야 할 공자

"사람이 도를 크게 하지,
도가 사람을 크게 하는 것은 아니다."

사람도
제대로 섬기지 못하는데
어찌 귀신을 섬길 수
있겠느냐?

백성을 보살피는 정치

배움과 성찰에 대한 열망

"배우기만 하고 사색하지 않으면 멍청해지고, 사색하고 배우지 않으면 정신이 위태로워진다."

"아는 것을 안다고 하고,
모르는 것은 모른다고 하는 것이
아는 것이다."

모르는 것을 모른다고 해야 잘보이는 안경을 얻을 수 있다는 사실을 안다.

이익보다 가치 중심의 삶

공자는 분란의 원인을 이익 중심의 사고로 보았다.
따라서 이익이 아니라 의義와 같은 바른 명분에 기초하여 행동하고
예禮를 따를 때 국가와 가정의 질서가 유지된다고 생각했다.

"군자는 의로움에 밝고,
소인은 이익에 밝다."

"자기를 이겨내고
예로 돌아가는 것이
인이다."

仁

바탕이
겉차림보다
두드러지면
거칠게 되고

겉차림이
바탕보다 두드러지면
형식적이게 된다.

바탕과 겉차림이 잘 어울려야 군자다.

백성을 통치 대상으로 보는 사고

하지만 공자의 인본은 목표가 아니라 수단에 가깝다.
공자에게 있어 백성은 주체적인 인간이 아니라
지혜로운 통치자가 나서서 이끌어야 하는 대상이었다.

형식과 절차에의 집착

또한 지나치게 형식과 절차에 집착하여

실질적인 내용이
뒤로 밀린다는 한계가 있다.

"자식은 나서 삼 년이 된 뒤라야 부모의 품을 벗어난다. 삼년상은 자식으로서 반드시 지켜야 할 의무다."

상대성, 다양성의 부정

공자는『논어』에서 유교 외에 다른 학문을 공부하는 것은 사문에 해가 될 뿐이라고 말한다.

'사문斯文'이란 공자가 익히고 계승한 유학 자체를 뜻한다.

다른 학문의 가능성과 다양성을 차단한다.

사문난적

성리학

불순분자를 색출하자.

인간적 욕구에 대한 배격

또한 인간의 욕구에 매우 엄격한 태도를 취했다.

제자가 낮잠을 자자 공자가 게으름을 꾸짖으며 다음과 같이 말한다.

"썩은 나무로는 조각을 할 수 없고,

더러운 흙으로 친 담은 흙손으로 다듬을 수 없다."

개인의 역할을 고정시키는 경직성

공자는 사회 내에서 각자가
신분에 맞는 규칙에 따라야 할 것을 주장하기도 했다.

"임금은 임금답고, 신하는 신하다우며,
아버지는 아버지답고, 자식은 자식다워야 한다."

03

토마스 아퀴나스 Tomas Aquinas, 1225~1274년

중세 이탈리아의 신학자. 합리적 지성에 의거한 신학을 정립했다. 중세 초기의 신학은 초
자연적이고 신비한 요소로 가득했으며, 오로지 무한한 믿음만을 요구했다. 하지만 기독교
가 유럽에 확고하게 자리를 잡자 신학을 더 체계화하고 합리화할 필요성이 여러 측면에서
대두되었다. 십자군 전쟁을 겪으며 동방의 자연과학이 자연스럽게 유럽 사회로 유입되었
고, 수공업과 상업이 발전하면서 개인의 능력과 물질에 대한 관심이 커졌다. 또한 기독교
가 민중을 대상으로 널리 확산되면서 합리적이고 공감 가능한 교리가 필요해졌다. 아퀴나
스는 중세 신학의 합리화를 집중적으로 수행한 인물이었다. '스콜라 철학의 왕'으로도 불
리는 아퀴나스가 집필한 『신학대전』은 그의 연구를 집대성한 책으로 기독교적 관점에서
논리학, 형이상학, 신학, 심리학, 윤리학, 정치학 등을 다룬 방대한 저작이다.
합리적 지성에 의한 탐구를 중시하는 스콜라 신학이 발전하면서 유럽 각지의 수도원에는
학원이 설립되었고, 이 학원을 중심으로 새로운 철학 부흥이 일어났다. 그리하여 신비주
의라는 좁은 틀에 갇혀 있었던 신학은 조금 더 폭넓은 시야를 확보하고 학문의 하나로 자
리 잡게 되었다.

"야옹신을 증명하노라."

ST. THOMAS AQUINYANGS

토마스 아퀴냥스

토마스 아퀴나스

중세 기독교 신학의 왕

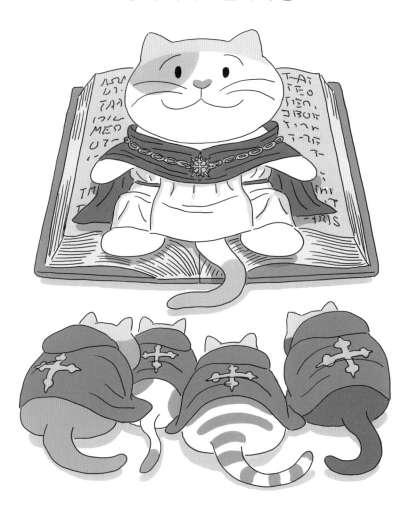

중세 기독교 교리를 새로 쓰다

서양 문화의 기반이 되는 두 개의 기둥이 있다면

하나는 그리스 신화,

다른 하나는
기독교라고
할 수 있을 것이다.

아퀴나스는 중세 기독교 교리를 집대성했다.

아퀴나스의 생각은 전혀 달랐다.

"신학은 실천적이라기보다는 사변적인 학문이다."

지성은
신학을 위해서도
필요하다.

신학은
계시만이 아니라,
지성의 논술 방식도
채택한다.

아퀴나스는 지성의 도움을 받을 때 신학도 발달한다고 보았다.

과학이나 철학의 진리는 신학의 진리와 일치한다.

철학과 신학의 목적은 동일하며, 방법에 차이가 있을 뿐이다.

모든 죄는 원죄에서 비롯되는가?

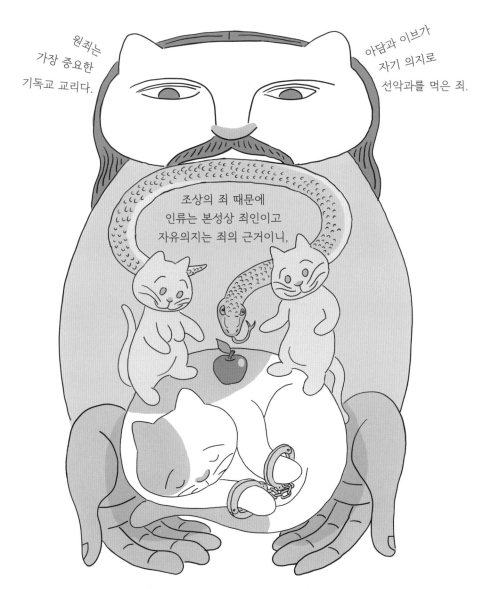

원죄는 가장 중요한 기독교 교리다.

아담과 이브가 자기 의지로 선악과를 먹은 죄.

조상의 죄 때문에 인류는 본성상 죄인이고 자유의지는 죄의 근거이니,

신의 구원만이 필요하다는 결론이다.

아퀴나스는 모든 죄를
원죄 탓으로 돌리지 않는다.

아담의 다른 죄들은
본성이 아니라
인격에 해당된다.

내
인격?

원죄 이외에 개인 인격에 의한 죄도 있다.

그 결과 인간 자유의지의 적극적 역할이 생긴다.

육체적, 감각적 욕구도 죄의 원인에 들어간다.

"관능 속에도 죄가 있다."

관능에 대비되는 이성을 통한 극복 가능성을 열어놓는다.

인간이란 무엇인가?

기독교는 영혼의 구원을 강조하는 종교로,
영혼이 인간의 본질이라고 여긴다.

내 너를
구원하리니.

나의 죄를
용서하소서.

중세 초기의 기독교는
육체가 죄악의 근원이라고
단정한다.

지성조차도 육체에서 분리되지 않는다.

지성은 신체에서 실제로 분리되는 것이 아니다.

지성단일성

아퀴나스는 지성이 육체의 감각을 통한 경험적 탐구와 연관된다고 보았다.

"다수의 신체 안에 다수의 영혼이 있다."

개인마다 신체가 상이한 만큼 영혼도 각자 다르므로
개인의 차이는 주목할 만한 가치가 있는 것이 된다.
아퀴나스의 사상은 개인을 중시하는 발상을 제공했다.

04

단테 알리기에리 Durante Degli Alighieri, 1265~1321년

르네상스의 선구자로 잘 알려진 시인. 이탈리아 피렌체에서 태어났다. 대표작인 『신곡神曲』을 통해 중세의 기독교적 세계관을 집대성하고 인간의 자유의지를 지고의 사랑으로 구현하여 인식의 새로운 지평을 열었다. 최후의 중세인이자 최초의 근대인으로 불린다.

그가 살던 시대에 글과 그림을 비롯한 모든 예술은 신과 교회를 찬양하기 위해 존재했다. 교회나 성직자에 대한 공공연한 비판은 일종의 금기였다. 단테의 『신곡』은 과감하게 성직자의 타락을 비판함으로써 신으로만 향하던 중세의 인식에 금을 내고 인간을 구원의 주체로 내세웠다. 이는 인간 내면에 대한 탐구로 인식의 방향을 트는 데 큰 영향을 미쳤다.

대표작 『신곡』(1321) 외에도 일생의 연인 베아트리체에게 바치는 연시 『새로운 인생』(1294), 철학 윤리를 논한 『향연』(1307) 등 다수의 저서를 집필했다.

단테 알리기에리

사랑의 감정으로 르네상스를 열다

르네상스의 시작을 열다

르네상스Renaissance는 14세기 이탈리아에서 시작되어
15세기 이후 유럽 전역으로 확산된 일련의 문화적 변동을 일컫는다.
그리스 로마 문화를 부활시켜 인간과 자연에 대한
고대의 세계관을 되살리려 했다.

단테의 『신곡』이 르네상스의 신호탄을 쏘아 올렸다.

『신곡』의 주인공 단테는 지옥, 연옥, 천국을 차례로 겪으면서
구원으로 향하는 길을 모색한다.

지옥과 연옥에서는 로마의 시인 베르길리우스가,
천국에서는 연인 베아트리체가 길을 인도한다.

인간이 인간을 구원하다

중세 기독교 세계관에서 구원은 오직 신만이 베풀 수 있는 것이었다.
그러나 단테는 『신곡』에서 인간, 베아트리체의 사랑을 구원의 첫 단추로 삼는다.
구원의 주체로서의 인간의 등장이다.

단테가 죄에 빠진 계기는
원죄가 아닌 사랑의 상실이었다.

당신이 사라지자
그릇된 즐거움이
나의 발걸음을
돌려놨다오.

구원도 연인의 사랑에서 찾는다.

오 여인이시여,
그대 안에서
내 희망이 힘을
얻습니다.

사랑은 영혼을 병들게 하는 부끄러운 충동이 아니라,
오히려 인간 실현의 핵심이다.
단테는 신에게 향하던 시선을 인간에게로 돌려
르네상스를 촉발했다.

사랑에서 구원을 찾은 시도, 그 자체가 조용한 혁명이었다.

자연을 탐구함이 곧 신의 뜻이다

제자가 스승을 따르듯이
지성은 자연을 뒤따른다.

단테는 자연 탐구를 통해 현명해질 수 있다고 믿었다.

단테에 따르면 자연 탐구는 신의 뜻이기도 하다.

지성이라는 재주는 곧 하느님의 자식과 같다.

자연에 대한 이해가 신과 가까워지는 길이다.
자연 탐구와 신의 뜻을 일치시킨다.

중세의 굳건한 신앙의 벽에 균열을 내다

단테는 『신곡』을 통해 중세의 사람들이 구원의 유일한 통로로 여기던
교회와 성직자를 신랄하게 비판한다.

> "성직자들은
> 재화 탐욕이 지나친
> 자들이다."

그가 묘사한 지옥에는 부패한 교황과 추기경 들이 있다.

"금과 은을 하느님으로 삼았으니, 우상숭배와 무엇이 다른가?
그들이 하나를 섬긴다면 너희는 백을 숭배한 것이 아니냐?"

단테의 지옥에는 성직, 성물, 성사로 돈을 받은 교황들이 우글거린다.
교황을 지옥에 보낸 것은 중세에 대한 혁명적인 도전이었다.

중세의 관성에서 자유롭지 못하다

『신곡』은 혁신적인 작품이었으나
단테는 여전히
중세에 속한 사람이었다.

단테의 지옥에서
육체의 욕망은
타락이요 죄다.

성애를 탐한 사람은 지옥에서 죄의 대가를 치른다.

미모로 이름을 떨쳤던 클레오파트라가

지옥에 있다.

트로이전쟁의 원인이 된 헬레네가 지옥에 있다.

"욕망에 사로잡히게 한 죄인들이 벌을 받도록 되어 있다."

지옥은 악, 천국은 선.
단테에게 있어 구원이란
악에서 선으로 가는
기나긴 도정이다.

중세적 사고관의 한계에 갇혀
선과 악의 이분법적 구분에 머물 뿐,
다양한 가치와 세계관으로
다가서지는 못했다.

05

니콜라우스 코페르니쿠스 Nicolaus Copernicus, 1473~1543년

지동설을 주장한 폴란드의 신부이자 천문학자. 지동설은 신이 지구를 중심으로 세상을 창
조하고, 인간을 위해 해, 달, 별을 만들었다는 당시의 종교적 믿음과는 정면으로 부딪치는
획기적인 발상이었다. 코페르니쿠스가 활동할 무렵의 유럽에서는 교황을 정점으로 하는
교회 권력이 위세등등한 힘을 행사하고 있었고, 그런 상황에서 코페르니쿠스의 주장은 위
험천만한 것이었다. 지동설의 요체를 담은 코페르니쿠스의 저작 『천체의 회전에 관하여』
(1543)는 1616년 로마 가톨릭에 의해 금서로 지정되었다.

합리적인 방법과 논리적인 근거를 통해 지동설을 주장, 증명한 코페르니쿠스의 연구는 근
대과학의 전형적인 특징을 보여준다. 코페르니쿠스의 연구를 시작으로 과학은 신을 위한
학문에서 인간의 이성을 중심으로 하는 학문으로 변화해갔으며, 이때 마련된 과학의 목표
와 방법론은 이후 현대과학으로 고스란히 이어진다.

"집사는 고양이를 중심으로 돈다."

CATPERNICUS

니콜라우스 코페르니쿠스

지구가 아니라 태양이 세상의 중심이다

지동설을 주장한 과학자

흔히 전혀 다른 시도를 두고

'코페르니쿠스적 전환'이라고 한다.

코페르니쿠스의 지동설은 발상 전환이라는 말에 딱 들어맞는다.

하늘이 지구를 돈다고 알고 있었던 중세의 사람들에게

지구가 하늘을 돈다는 그의 의견은 충격 그 자체였다.

코페르니쿠스의 **지동설**이 중요한 이유는
막연한 추론이나 감에 의존한 이론이 아니기 때문이다.

그는 『천체의 회전에 관하여』에서
관측 자료를 근거로 들어
자신의 주장을 증명한다.

이는 지구를 중심에 두는 천동설을 기반으로 하는 기독교와
정면으로 충돌하는
결과를 불러왔다.

지구가 태양의 둘레를 도는 이유

코페르니쿠스는 먼저 지구가 회전이 가능한 구형이라고 주장했다.

지구 각각의 경험을 근거로 지구가 구형임을 입증했다.

"북쪽으로 여행할 때 북쪽에 있는 별들은 지지 않는다."

"배에서 육지를 볼 수 없을 때 돛대 위로 올라가면 육지가 보인다."

지구가 달을 양육하듯, 태양이 지구를 양육한다.

"태양은 왕좌에 앉아 주위를 회전하는 별들의 가족을 다스린다."

"지구는 달의 봉사를 받는다."

근거 1: 규모의 차이

코페르니쿠스는
의문에 대해 결론을
내릴 때 관찰에 근거했다.

현대와 같은 과학 장비도 없이 어떻게
확신할 수 있었을까?

수많은 별을 보라.
우주는 지구에 비해 막대하게 크다.
우주는 무한대로 광대하고,
그 안에서 지구는
하나의 점에 불과하다.

이 상식적인 사실로부터 의문이 시작된다.

행성 사이의 관계만 보아도 지구는 세상의 중심이 될 수 없다.

"행성들은
지구에 가까워졌다 멀어졌다 한다.
이 사실만 봐도
지구가 행성 궤도의 중심이 아님을 알 수 있다."

지구가 세상의 중심이라면
행성들이 규칙적인 간격으로
지구를 돌아야 한다.
하지만 관측되는 행성들의 운동은 불규칙하다.
태양을 중심으로 가정했을 때만 행성들의 규칙적인 움직임이 관찰된다.

근거 3: 우주는 태양계보다 넓다

지구가 속한 태양계조차 우주의 중심이 아닐 수 있다는 것이
코페르니쿠스의 주장이었다.
수많은 중심을 가정하는 선구적인 발상이었다.

코페르니쿠스의 전환

왕좌를 신이 아닌 태양으로 돌린다.

신의 은총으로
인간이
우주의 중심에 있다는
기독교의 전제가
흔들린다.

코페르니쿠스로 인해 우주 변화는 신이 아니라
자연의 원리에 따라 일어난다는 발상이 확산되었다.
신을 위한 학문에서 인간을 위한 학문으로의 전환,
근대과학의 출발이다.

코페르니쿠스는 천문학을 가장 가치 있는 학문으로 여겨
다음과 같이 말하기도 했다.

수학의 정수인 천문학은
가장 탁월한 학문이다.

그는 천문학을 인문학 등 다른 학문에 앞서는 '인문학의 우두머리'로 여겼다.

시민혁명과 근대국가

09

노동자를 역사의 주인으로
칼 마르크스

10

무의식이 정신의 뿌리
지그문트 프로이트

08

자본주의의 종을 울리다
애덤 스미스

06

근대사회의 가장 큰 기둥

장 자크 루소

07

과학의 승리를 선언하다

아이작 뉴턴

06

장 자크 루소 Jean Jacques Rousseau, 1712~1778년

18세기 프랑스의 사상가. 스위스 제네바에서 시계공의 아들로 태어났다. 근대 유럽은 물론 현대사회에 이르기까지 사상과 사회변화에 큰 영향을 주었다. 『에밀』(1762)이 교육론을 새롭게 정립한 명저라면 루소의 또 다른 대표작 『사회계약론』(1762)은 그의 사상을 집대성한 책이다. 여기서 루소는 정의로운 사회 구성의 원리를 제시한다. 루소는 자연 상태에서 인간이 가지고 있던 자유와 평등을 확보하기 위해서 어떤 사회질서를 만들어야 하는지 탐구했으며, 홀로는 삶에서 맞닥뜨리는 어려움을 극복할 수 없으므로 정의로운 사회계약을 통해 각자의 재산과 신체를 보호해야 한다고 생각했다. 이렇게 성립된 사회질서는 자발적이고 자유로운 계약으로 만들어진 것이기 때문에 사회 구성원들이 그 주권을 갖는다. 『사회계약론』은 1762년 처음 출판된 이후 프랑스혁명이 일어난 1789년까지 20여 판이 인쇄될 만큼 주목을 받았고, 유럽의 혁명적 분위기를 형성하는 데 적지 않은 영향을 미쳤다. 『사회계약론』이 출간된 뒤 파리 법원은 루소에게 유죄를 선고했다. 루소는 체포령을 피해 오랜 망명 생활을 해야 했다.

“모든 생명체는 평등하다.”

냥 자크 루소 Nyang Jacques Rousseau

장 자크 루소

근대사회의 가장 큰 기둥

근·현대의 가장 중요한 사회 이론, 사회계약

루소의 『사회계약론』으로 근대가 열렸다.

사회질서는 자연에서 생기지 않고, 약속에 근거를 둔다.

루소는 사회가 자연 상태에서 발생하지 않는다고 말한다.

루소 이전까지 국가의 발생은
자연스러운 과정으로 여겨졌다.

인간에게는 더불어 살려는 본성이 있다고 보았기 때문이다.

우리는 지금도 가족, 씨족, 부족의 단계를 거쳐
국가가 만들어졌다고 배운다.

그러나 국가가 자연적으로 발생한다고 보면 생기는 모순이 있다.

초기에 발생한 국가에 존재했던 노예제를

이제부터 너희는 노예, 나는 주인이다!

어떻게 설명할 수 있을까?

만약 국가의 발생이 인간 본성에 따른 결과라면

예! 주인님!

노예제를 비롯한 체제 비판은
설 자리를 잃는다.

국가는 억압의 산물이다

초기 국가들은 폭력을 통해 세운 질서를

자연 또는 신의 의지로 합리화했다.

그래서 루소는
다음과 같이
말한다.

"사람은 자유로운 몸으로 태어났으나, 도처에서 사슬에 매여 있다.
주인을 자처하는 자도 노예임을 어쩔 도리가 없다."

왜 주인도 노예에 불과할까?

권력과 부를 가지면 무엇이든 할 수 있지 않을까?

루소는 억압 체제에서는 지배자도 자유롭지 못하다고 생각했다.

권력과 부에는 자연스럽게 경호와 높은 담, 그리고 감시가 따라온다.

부소에 따르면 "약속에 근거를 둔" 사회계약만이 유일한 답이다.

구성원이 억압에서 벗어나려면 자유로운 개인 사이의 약속을 맺어야 한다.

이 약속의 내용은 정의로워야 하며, 그때 비로소 노예 상태에서 풀려날 수 있다.

루소는 다수의 자발적인 협력이 쉬운 일이 아님을 알고 있었다.
일부가 다수를 위해 일방적으로 양보하는 상황이 되면
다시 노예 상태로 돌아가는 것과 같다.

어떻게 하면 각자가 손해 보지 않으면서
정의로운 사회질서를 만들 수 있을까?

무엇이 정의로운 사회계약인가

루소가 내놓은 해결 방법은 다음과 같다.

양도하는 것과 같은 권리를 얻지 않는 자가 없어야 한다.

이게 무슨 말일까?

양도는 개인에게 있어 의무가 된다.
즉, 모든 개인은 의무만큼의 권리를 가져야 한다는 뜻이다.

권리보다 의무가 많으면 억압

의무보다 권리가 많으면 특권

의무와 권리가 일치할 때 공평하고 자유로운 계약이 성립한다.

학생과 직장인에게는 강제되는 수많은 의무만큼의 권리가 있는가?

경제발전, 국가이익을
도모한다는 명목으로
많은 의무가
당연시되고 있지
않은가?

집단이든 국가든 의무와 권리가 불일치하면 정의롭다고 볼 수 없다.

개인에게는 정의롭지 못한 사회계약을 다시 맺을 권리가 있다.

주권이란 일반의지의 행사이므로 결코 양도할 수 없다.

권력이 의무와 권리의 일치를 침해할 때 권력을 박탈할 수 있다.

루소는 근대와 현대사회의 주권 개념을 확립했다.

07

아이작 뉴턴 Isaac Newton, 1642~1727년

영국의 수학자, 물리학자, 천문학자. 과학 분야로 한정하면 인류 역사상 가장 영향력이 큰 인물이라 해도 과언이 아니다. 대표작 『프린키피아』(1687)에서 만유인력과 세 가지 운동 법칙을 통해 우주의 구조와 운동 원리를 규명했다. 뉴턴의 이론은 20세기 중반에 이르기까지 물리학의 기준 역할을 했다.

뉴턴은 사물의 본질은 막연한 가설로 이끌어낼 수 없으며, 관찰과 증명을 통해서만 그 근원에 도달할 수 있다고 보았다. 뉴턴의 가장 뛰어난 업적은 중력 이론을 바탕으로 우주의 구조를 설명한 데 있다. 물체에서 중력의 존재를 추측해낸 과학자는 뉴턴 이전에도 있었다. 그러나 뉴턴은 수학을 통한 엄밀한 증명으로 현상을 과학적으로 규명하는 데 성공했다. 관찰과 실험을 바탕으로 결과를 수학적으로 입증하는 뉴턴의 방법론은 근대에서 현대에 이르는 과학의 기준이 되었다.

"모든 고양이는 끌어당기는 힘을 갖고 있다."

아이작 냥턴
Isaac Nyangton

인류 역사상 가장 위대한 과학자, 뉴턴.

그의 저작 『프린키피아』 역시 인류 역사상 가장 중요한 책으로 꼽힌다.

뉴턴 이전에도 과학사에 발자취를 남긴 이들은 많았다.
코페르니쿠스,
케플러,
갈릴레이…
PRINCIPIA
무엇이 뉴턴을 최고의 과학자 자리에 올려놓았을까?
?
E=mc²

만유인력의 발견

뉴턴의 사과 일화는 유명하다.

어느 날 뉴턴은 아래로 떨어지는 사과를 보며

질문을 던진다.

"사과는 왜 땅으로 떨어질까?"

뉴턴은 사과 한 알에서 세상을 지탱하는 원리를 찾아냈다.

모든 물체와 물체 사이에는
만유인력이 작용한다.

그 유명한 만유인력의 원리다.

뉴턴은 다음 단계로 넘어간다.

"
왜 달은
떨어지지
않을까?
"

그가 발견한 만유인력에 따르면, 받쳐주는 힘이 없을 때 모든 물체는 땅으로 떨어진다.

달은 어떻게 제자리를 지키고 있는 걸까?

뉴턴의 머리가 번뜩였다.

만약 달이 하늘에 매달려 있다면,

쇠사슬이 끊어지면 아래로 떨어진다.

그렇다면 달에는 사과가 매달려 있는 것과는 다른 힘이 작용하고 있다.

달과 지구의 힘이 팽팽하게 균형을 이루고 있기 때문에 떨어지지 않는 것이다.

운동법칙으로 우주의 원리를 밝히다

달에는 중력과 함께 지구와 다른 방향으로 날아가는 힘이 작용하고 있다.
여기서 뉴턴의 첫 번째 운동법칙이 등장한다.

> 물체에 힘을 가하면
> 바꾸지 않는 한
> 그 상태가 유지된다.

달에 작용하고 있는 날아가는 힘을 바꾸지 않으면 달은 우주로 날아나버릴 것이다 지구의 중력이 달을 끌어당겨 날아가지 않도록 바꾼 것이다.
그렇다면 달은 왜 땅에 떨어지지 않는 것일까?
여기서 뉴턴의 두 번째 운동법칙이 등장한다.

"알짜힘이 바꿔는 정도는 가한 힘에 비례한다."

만약 달이 날아가고자 하는 힘보다
달에 가해지는
지구의 중력이 더 크다면
달은 땅으로 떨어질 것이다.

지구의 중력과 달이 날아가려는 힘의 크기가 균형을 이루고 있기 때문에
달은 땅으로 떨어지거나 날아가버리는 대신 지구를 회전한다.

달이 지구를 도는 것처럼 지구는 태양을 돌고,
태양계는 우주의 작은 일부에 불과하다.

우주에는 수많은 힘이 여러 방향으로 작용하고 있다.

여기서 뉴턴의 세 번째 운동법칙을 발견할 수 있다.

"모든 작용에는
같은 크기의
반작용이 생긴다."

작용과 반작용 법칙에 따라,
우주에는 다양한 방향과 정도의 운동이
끊임없이 일어난다!

과학을 새로운 지평 위에 올려놓다

물체에 중력이 있다고 생각한 과학자는 뉴턴 이전에도 있었다.
그러나 중력 이론을 규칙을 세워 증명하고,
이를 토대로 우주의 구조를 증명해낸 이는 뉴턴이 유일하다.

사물의 현상에서
추측으로 달아나지 않고,
논리적 증명으로 더 깊이 파고들었다.

수학을 통한 엄밀한 증명으로 법칙을 규명한 이도 그가 유일하다.
뉴턴은 중력 이론에 관한 수학적 기초를 세웠다.

미적분을 개척하고, 중력 이론과 운동법칙으로 천체 운동을 규명했다.
수학적으로 증명된 뉴턴의 운동법칙은 200년 이상 역학을 지배했다.

뉴턴은 추측과 불확실에서 벗어나 물리학을 계산 가능하도록 정비했다.
과학자들은 뉴턴이 마련한 길을 통해 수많은 자연의 비밀을 밝혀냈다.

08

애덤 스미스 Adam Smith, 1723~1790년

영국의 정치경제학자이자 윤리철학자. 근대경제학의 아버지라 불린다. 스미스가 태어난
때는 산업혁명의 열기가 조금씩 달아오르기 시작하여 전통적으로 중시되던 농업에서 산
업 분야로 점차 생산의 중심이 이동하던 시기였다. 그에 따라 스미스의 관심도 사회변화
에 초점을 맞춘 새로운 경제학으로 좁혀졌다. 『국부론』(1776) 이전에도 경제를 다룬 책은
있었다. 하지만 정부를 옹호하거나 비판하는 정치적 목적에서 쓰인 책이 대다수였으며,
애덤 스미스에 이르러서야 경제학이 본격적으로 연구되기 시작했다.

스미스가 경제학 연구 과정에서 일관되게 문제의식으로 삼는 것은 "모든 국민이 부유해지
기 위해서는 어떤 방식으로 경제활동이 이루어져야 하는가?"이다. 그리고 이 문제에 대한
해답으로 내놓은 것 중 하나가 개인의 이기심에 기반한 시장의 자유 경쟁이다. 스미스는
자본주의 생산방식의 역사적 중요성을 이해하고 있었으며, 정부의 개입이 구성원 전체의
경제 발전을 저해한다고 보았다.

다만 스미스가 활동하던 시기는 자본주의의 태동기였다. 그렇기 때문에 자유시장과 자본
주의에 대한 스미스의 문제의식은 지나치게 단순하다는 한계점이 있다. 여러 한계에도 불
구하고 『국부론』은 여전히 경제학의 대표적인 고전으로 손꼽힌다.

"고양이 경제는 보이지 않는 손이 움직인다."

CAT SMITH

애덤 스미스

자본주의의 종을 울리다

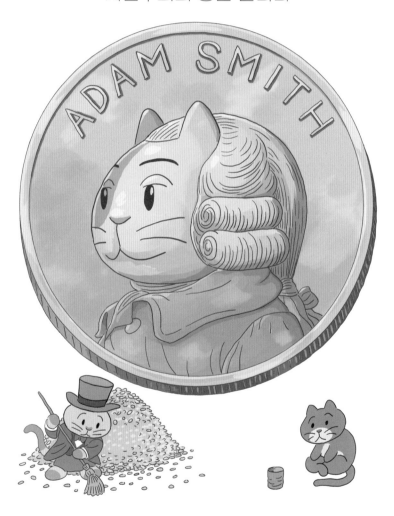

자본주의는 현대사회를 상징하는 핵심 개념이다.

오늘날 자본주의 논리는 거의 종교와 같은 자리에 있다.

시장경제 이론의 아버지, 애덤 스미스.

스미스의 『국부론』은 근대경제학의 성경과 같다.

시장의 다른 이름,
'보이지 않는 손'이 바로
자본주의 사회의 신이다.

개인의 이익이 사회의 이익을 증진시킨다

스미스는 개인에게 자기의 이익 증진에
최선을 다할 것을 주문한다.

개인이
최선을 다해
자본을 국내
산업에 사용하고,
생산물이 최대
가치를 갖도록
노동을 이끌어야
한다.

최선을
다하자!

자본을 사용하는 것은 투자,
구성원의 노동을 이끄는 것은 경영이다.

따라서 시장의 주체는
사실상 모든 개인이 아니라
소수의 기업가다.

시장은 이기심으로 움직인다

기업가의 투자와 경영은 오직 자신의 이득을 위함이다.

개인의 이기적인 이익 추구에 해당한다.

어떻게 이기적인 이익 추구가 사회적 이익을 낳을까?

사회적 삶을 살기 위해서는 타인의 도움이 필요하다.
그러나 타인에게 무조건적인 이타심이나 자비심을 기대할 수는 없다.

타인의 이기심을
자극하는 쪽이
서로에게 이익이다.

애덤 스미스는 정부의 개입을 적극 반대하며 '보이지 않는 손'이라는 표현을 썼다.

산업 성장은 일자리를 만들어
사람들의 터전을 마련한다.

자유로운 시장 경쟁이
공정한 거래를 가능하게 한다.

경쟁이 제한되면 소수가 생산을 독점하여 부당한 이익을 얻는다.

시장에 개입하는 정부의 정책은
'보이는 손'이다.

개인은 어떤 정치가나 입법자보다
훨씬 잘 판단한다.

이익에 대해 당사자가 가장 잘 아니 간섭하지 말라. 정부가
시장에 간섭하면 비효율 때문에 개인과 사회의 이익이 모두 줄어든다.

애덤 스미스의 시장 이론은 자유방임주의를 만들어냈다.

스미스의 시장에서는 기업가가
투자, 고용, 해고, 임금과 노동 형태를 마음대로 정할 수 있다.

그러나 스미스의 이론은
자본주의 초기 단계에 성립된 것이었다.
그는 이후 파생될 수많은
문제까지는 예견하지 못했다.

스미스의 시장 이론은 지금까지도 현대인의 정신적 유전자에 깊이 스며들어 있다.

09

칼 마르크스 Karl Marx, 1818~1883년

독일의 철학자이자 혁명가. 사회주의 이론을 정립한 사상가로 잘 알려져 있다. 청년 시절에는 신문을 통해 혁명적 민주주의 사상을 전파했으나 공산주의 사상으로 전환하여 그 유명한 "만국의 프롤레타리아여 단결하라!"라는 구호가 담긴, 공산주의의 첫 강령적 문헌 『공산당 선언』(1848)을 발표했다. 말년에는 자본주의의 운동법칙과 사회주의로의 전환 과정을 담은 대표 저작 『자본론』 집필에 몰두했다. 마르크스는 철학과 정치경제학 분야에서 인류 사상에 막대한 영향을 주었을 뿐만 아니라, 노동운동을 비롯한 실천적 사회운동에도 깊숙이 개입한 인물이었다. 19~20세기의 노동운동과 사회주의운동은 마르크스의 이론에서 많은 영감을 받았다.

마르크스의 『자본론』(1867)은 자본주의의 현실을 냉정한 시각으로 분석한 고전이다. 특히 자본주의 사회에서 나타나는 빈부격차 심화 문제를 체계적으로 연구했다. 시대의 변화와 자본주의의 발전을 고려했을 때 한계가 있는 것은 분명하다. 그럼에도 불구하고 마르크스의 문제의식은 인류 역사의 과거와 현재를 이해하고 미래를 조망하는 데 있어 무시할 수 없는 위치를 차지하고 있다.

"만국의 고양이들이여 단결하라."

냥 마르크스
Nyang Marx

칼 마르크스

노동자를 역사의 주인으로

오랜 시간 한국에서 마르크스는

붉은색의 뿔 난
괴물처럼 여겨졌다.

19~20세기 유럽의 노동자들에게는
새날로 인도하는 지도자였다.

DAS KAPITAL

자본주의를 분석해
사회적 양극화의 문제를 예견하고 연구한
마르크스의 『자본론』은
사회주의의 성경으로 불린다.

마르크스는 자본주의를 역사의 최종 단계로 보지 않는다.

인류가 겪는 변화의
한 과정일 뿐이다.

양극화 문제는 더 평등한 사회로 나아가는 발판이 된다.

이 과정에서 노동자가 역사의 주인이 되어

적극적인 역할을 할 것이다.

생산 수단 사적 소유의 본질을 밝히다

기존의 자본주의 경제학에서는 소유권을 노동의 결과 획득하는 것으로 보았다.

경제학에서 말하는 '소유권'은
화폐나 물자 등 개인 재산의 소유권을
뜻하지 않는다.

토지, 공장과 같은
생산 수단의 소유권을 말한다.

마르크스는 이렇게 말한다.

"소유권이 노동에 기초한 것처럼 보인다."

실제로는 그렇지 않다는 얘기다.

정말 근면과
게으름 같은
개인의 성향
차이로 인해
빈부격차가 발생할까?

근면한 소수가 부유해지는 동안

게으른 다수는 노동하는 대신 재산을 탕진했기에 빈곤해졌을까?

역사는 소유권이 노동이 아닌 약탈을 통해 획득됨을 보여준다.

노예제를 시행하던 고대국가는 정복을 통한 약탈로 토지를 소유했다.
신분제를 시행하던 중세국가는 신분에 따라 귀족이 강제로 토지를 소유했다.

자본주의의 출발을 살펴보자.
15세기 영국에서 일어난 '인클로저enclosure'가 자본주의의 시작점이었다.

기르던 양떼를 위해 농민을 내쫓고 토지를 약탈해 자본을 모은다.

토지라는 생산 수단을 박탈당한 농민은 살길을 찾아 노동자가 된다.

양들이
너무
무서워요.

자본주의조차 약탈 과정을 통해 세워진 것이다.

자본가의 이윤은 어디서 올까

삼성전자의 노동자는 그날 만든 핸드폰을 가지고 나갈 수 없다.
현대자동차의 노동자는 자동차를 가지고 나갈 수 없다.
노동을 투자했으나 생산물의 소유권은 자본가에게 있기 때문이다.

마르크스에 따르면 이조차도 상당 부분 착취로 이어진다.
이 비밀을 푸는 열쇠가 바로 '부불노동'이다.

자본가에게는 남는 것이 없다.

자본가가 가져가는 부불노동이 바로 자본가의 이윤의 원천이 된다.

자본주의는 노동 착취로 유지된다

자본주의가 노동생산력을 끌어올리는 방법은 착취다.

자본가는 이윤 확대를 위해 노동생산력을 올림으로써 부불노동을 늘린다.

첫째, 동일한 노동 시간에 임금을 줄인다.

동일 노동에 임금은 절반만 지불하는 비정규직 확대가 대표적인 사례다.

둘째, 동일한 노동 시간에
더 많은 물건을 만든다.

컨베이어 벨트를 도입하여
생산량을 증가시킨 방법이 대표적인 사례다.
그 결과 노동 강도가 대폭 상승한다.

소득 감소 또는 노동 강도의 강화라는 점에서

자본가의 이윤 증가는 곧 노동자의 손해를 뜻한다.

마르크스는 노동자 착취의 근본적인 원인이
소수 자본가의 생산 수단 소유에 있다고 보았다.

그는 가장 첨예한 당사자인 노동자의 단결과 투쟁이 변화의 주요 동력이라고 믿었다.

10

지그문트 프로이트 Sigmund Freud, 1856~1939년

오스트리아의 정신과 의사. 정신분석학의 창시자로 불린다. 의학 박사 학위를 받고 종합 병원 정신과에서 임상수련을 받으며 신경병리학을 연구했다. 최초로 인간 무의식을 학문의 대상으로 삼고, 정신의 작동 과정을 분석하여 임상치료를 체계화, 제도화하는 데 기여했다. 프로이트 이전에도 정신질환을 연구하려는 움직임은 있었으나, 프로이트는 히스테리 환자를 최면요법으로 치료하는 과정을 보면서 정신질환이 뇌의 문제가 아니라 마음의 문제라는 점을 인식했다. 이후 무의식을 통해 정신의 상황을 해석하는 방법을 정리하고 '정신분석'이라 이름 붙였다. 자유연상법을 꿈 해석에 적용한 『꿈의 해석』(1899)은 정신분석학의 본격적인 출발을 알리는 책이었다. 1,000개가 넘는 꿈을 해석하고 이론화하여 무의식의 기능과 역할, 무의식과 의식의 관계를 정리했다. 이후 수많은 환자의 임상 경험에 기초하여 정신분석 이론을 정리한 『정신분석강의』(1917)를 출간했다.

서양의 학문은 의식에 기반을 두고 이성 중심으로 발전해왔기 때문에 프로이트의 연구는 학계의 인정을 받지 못했다. 특히 성적 욕망에 관한 연구는 성에 관한 논의 자체가 금기시되는 사회 분위기와 맞물려 큰 비난을 받았다. 그러나 기존의 정신질환 치료 방법이 큰 효과를 내지 못하자 무의식과 의식의 관계가 제대로 조율되지 못할 때 특정한 정신적 증상이 나타난다는 프로이트의 주장이 설득력을 인정받았다. 프로이트의 이론은 오늘날에도 철학, 사회학, 문학 등을 넘나드는 이론들의 원천으로 주요한 영향력을 발휘하고 있다.

"나의 귀여움은 무의식적으로 나온다."

지그냥트 프로이트
Signyangt Freud

지그문트 프로이트

무의식이 정신의 뿌리

현대인은 무의식 또는 심리학 같은 개념을 자연스럽게 받아들인다.
하지만 오랜 기간 무의식은 정신적 착란 또는 무의미한 현상으로 받아들여졌다.

정신의 주인은 의식에 거처를 둔
이성과 감성이었다.

프로이트는 『정신분석강의』에서 무의식을 정신의 주인이라고 보았다.

"정신은 무의식에서 의식으로 이행한다."

무의식이 인간의 판단과 행동에 더 중요한 역할을 한다.
이는 정신에 대한 기존의 사고방식을 뒤집는 혁명적인 발상이었다.

자아는 합리적 선택을 할까

자아는 자신의 집 안에서조차
더 이상 주인일 수 없다.

평소 했던 실수를 돌이켜보자.
의도하지 않은 말이나 행동이 튀어나와 당황한 경험은
누구에게나 있다.

국회의장이 개회사에서 "국회 폐회를 선언합니다." 하고 말하거나

마중을 배웅이라 말하고,
만나는 자리에서
헤어질 때 하는
인사를 한다.

누구나 할 수 있는 실수들이다.

프로이트에 따르면 실수는 우연히 벌어진 사건이 아니다.

실수 행위란 심리 행위다.

국회의장의 무의식에 있던

폐회를 바라는 마음이 드러난 것이다.

무의식과 의식이 서로 간섭하는 과정에서
뒤섞이며 발생하는 것이 실수다.

꿈은 심리 현상이다

사람들은 꿈을 무시하거나
의미심장한 예지로 여겨왔다.

당대의 과학자들은
불편한 수면 자세로 인해
악몽을 꾸게 된다고 말했다.

프로이트의 생각은 달랐다.

꿈은 신체 현상이 아니라
심리 현상이다.

악몽뿐만 아니라 신체 이상으로 설명할 수 없는 꿈이 많다.

소원이 꿈을 유발하고,
소원 성취를 향한 욕망이
꿈의 내용을 구성한다.

프로이트에 따르면

꿈이란 낮 동안 채워지지 않은
소원에 대한 아쉬움, 동경,
소망 체험에서 나오는 반응이다.

또한 교육과 도덕에 의한 의식의 간섭이 꿈의 형태를 왜곡한다고 보았다.

본능 억압이 무의식을 만든다

왜 무의식은 평소 제 모습을
드러내지 못하는가?

성적 본능의 충동이
신경증을 불러일으키는 데
큰 영향을 미친다.

역사적으로 종교나 도덕률은

인간의 본능적인 욕구를 억압해왔다.

특히 성적 욕구에는 타락과 죄악의 딱지가 붙었다.

성욕은 어린 시절부터 엄격한 제한을 받는다.

시대별, 문화별로
다양한 이유를 들어
자위행위를
억압해왔다.

프로이트는 아이들이 흔히 하는
부부놀이, 의사놀이 등이
신체 접촉을 동반하는 등
성적인 성격이 다분하다고 보았다.

아이들의 놀이에서 성적인 요소가 눈에 띄면 질색하며 야단치고,
청소년에게는 성을 혐오스럽고 비도덕적인 행위로 가르쳐왔다.

프로이트는
이런 식으로 억압하면
성적 욕망이 소멸되는 대신
무의식에 숨는다고
생각했다.

정신질환은 본능에 대한 억압의 정도가 극심할 때 나타난다.

162

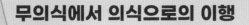

무의식에서 의식으로의 이행

욕구는 무의식에 숨어 있다가 의식의 빈틈을 뚫고 모습을 드러낸다.

이때 "억압된 것은 무의식의 원형"이기에 액면 그대로 나타나지 않는다.

무의식과 의식의 방을 연결하는
복도에는 무서운 경호원이 있다.
이 경호원은 자기 마음에 들지 않으면
통과하지 못하도록 길을 막는다.

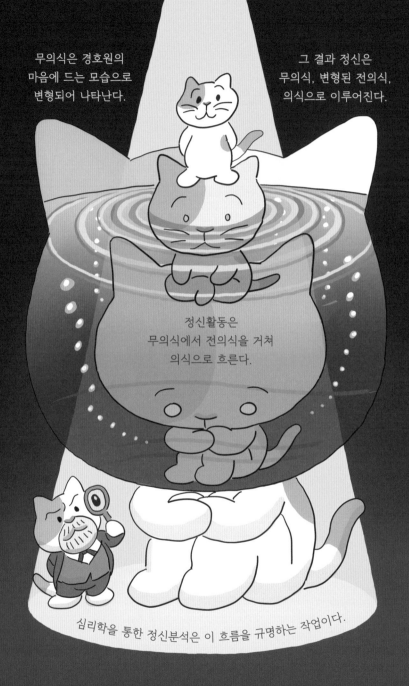

무의식은 경호원의
마음에 드는 모습으로
변형되어 나타난다.

그 결과 정신은
무의식, 변형된 전의식,
의식으로 이루어진다.

정신활동은
무의식에서 전의식을 거쳐
의식으로 흐른다.

심리학을 통한 정신분석은 이 흐름을 규명하는 작업이다.

현대사회와 미래사회

12

여성을 세상의 주인공으로

시몬 드 보부아르

11

자본주의 경제위기의
구원투수

존 메이너드 케인스

14

양자역학을 통한
과학혁명

베르너 하이젠베르크

15

현대의 해체와 미래

자크 데리다

13

현대 해방운동의 아이콘

체 게바라

존 메이너드 케인스 John Maynard Keynes, 1883~1946년

영국의 경제학자. 자유방임주의를 비판하고, 정부의 시장 개입을 요구하는 수정자본주의를 정착시켰다. 자본주의에 대한 기본적인 문제의식과 대공황에 대한 해결 방안을 담은 『고용, 이자 및 화폐의 일반이론』(1936)을 썼다. 이 책은 이후 거시경제학의 기초가 되었으며, 기존의 고전학파 경제학의 체계를 뒤집고 '케인스 혁명'이라 불리는 경제학상의 대전환을 일으켰다.

케인스 이전의 자본주의 경제 이론은 자유방임 원리를 옹호한다는 점에서 기업가 개인의 이기심에 시장이 좌우되도록 맡겨야 한다는 애덤 스미스의 주장을 크게 벗어나지 않았다. 1929년 세계를 난타한 대공황은 이러한 전통적 사고방식의 한계를 드러냈다. 케인스는 정부가 적극적인 공공투자에 나서서 유효수요를 확대할 것을 주장했다. 그는 고용을 획기적으로 증가시키고 이 상태를 장기간 유지하기 위해 소비와 투자에서 정부의 역할이 중요하다고 보았다. 케인스의 이론들은 다른 거시경제학파에도 많은 영향을 미쳤으며, 그는 20세기에 가장 큰 영향을 미친 경제학자로 인정받고 있다.

"정부는 위기에 빠진 고양이를 도와야 한다."

캣인스
Catynes

존 메이너드 케인스

자본주의 경제위기의 구원투수

오늘날 순수한 자유방임 시장은 존재하지 않는다.

정도의 차이만 있을 뿐, 케인스의 수정자본주의의 그림자에서 벗어난 나라는 없다.

20세기는 '케인스 혁명'의 시대다.

케인스의 연구는 단순히 이상적인 경제 이론에 그치지 않았다.
그는 위기에 처한 현실 자본주의를 구하고자 했다.

유효수요 창출로
경제성장의
선순환을 이룬다.

케인스가 보기에
자유방임주의를 기초로 한
현실 세계에서는
악순환이 거듭되고 있었다.

공황을 탈출하라

공황은 자본주의의 가장 대표적인 병적 증상이다.
케인스의 저작 『고용, 이자 및 화폐의 일반이론』은 대공황 가운데 출간되었다.

20세기 초반까지 자본주의는 대호황을 누리고 있었다.

제1차 세계대전의 상처를 씻어낸 열강들은 영원한 번영이라는 장밋빛 미래를 그렸다.

1929년 유례 없는 대공황이 전 세계를 덮쳤다.

10년에 걸쳐 전 세계에서 광범위한 경기침체가 지속되었다.

주가 총액이 4분의 1로 떨어지고, 수만 개의 기업이 문을 닫았다.
미국과 유럽의 실업률은 약 30퍼센트까지 치솟았다.

세계의 산업생산은 20년가량 후퇴했고, 국제무역은 증발했다.

보호무역주의가 득세하면서 자유무역체제가 붕괴했다.

신처럼 믿고 따르던 자유방임주의가 자유시장의 등에 칼을 꽂았다.

'보이지 않는 손'에 대한 근본적인 회의가 퍼져 나갔다.
자유주의 경제학은 이 전대미문의 사태에
아무런 해결책도 내놓지 못했다.
'경제성장의 선순환'이 절박하게 필요한 순간이었다.

케인스는 바로 그 순간에 나타난 구원투수다.

유효수요를 창출하라

케인스는 대공황의 원인을 유효수요 위축에서 찾았다.

소비가 부족한 상태에서 과잉생산이 지속되어 공황이 초래되었다.

공급만을 강조해오던 자유주의 경제학에서 내놓을 수 있는 해결책이라고는
둑이 무너졌는데 비가 그치면 나아진다는 수준의 방치에 불과했다.

케인스에 따르면 특히 가난한 사람들의 소비 능력이 중요하다.

고소득층은 이미 필요한 만큼 소비하며, 그 외의 소득은 저축하고 있다.

따라서
실제 소비로 연결되는
'유효수요'의 관건은

저소득층의 소비였다.

이들은 늘어난 소득을 거의 전부 소비한다.

어떻게 유효수요를 창출할 것인가

시장에서 각자 자기 이익만을 추구하면 불확실성이 점점 커진다.
기업가와 투기꾼에게 시장을 좌우할 수 있게 맡기면
자본주의는 불황에 빠지고 만다.

광범위한
투자의 사회화가
완전고용에
가까워지는 유일한
수단이다.

정부가 개입하여
유효수요를 창출해야
공황을 탈출할 수 있다.

정부가 고용을 창출하고 복지 정책을 도입해
유효수요를 창출한다.

케인스의 이론은
사회주의라는 비판을 받기도 했는데,
'소유'가 아니라 '투자'의 사회화라는 점에서
사회주의와는 거리가 멀다. 케인스는
시장의 단점을 정부의 개입으로 보완하여
시장이 다시 원활하게 움직이도록
만들고자 했다.

케인스의 처방은 미국의 뉴딜정책으로 구체화되었다.

루스벨트 대통령은 대규모 공공사업에 투자하여 일자리를 확대했고, 이 정책은 큰 성공을 거뒀다.

미국의 성공은 다른 국가에도 영향을 미쳤고,
곧 케인스 이론은 전 세계 경제 정책으로 뻗어 나갔다.
신자유주의로 인해 주춤하는가 싶던 케인스 이론은
21세기에 닥쳐온 금융위기와 함께 다시 주목받고 있다.

12

시몬 드 보부아르 Simone de Beauvoir, 1908~1986년

프랑스의 작가, 실존주의 철학자. 여성해방운동의 선구자로서 현대 여성주의의 초석이 된 『제2의 성』(1949)을 썼다. 소르본 대학에서 문학과 철학을 전공하고, 1929년 철학 교수 자격을 얻었다. 남성과 동등한 존재로서의 여성에 대한 인식이 분명했으며, 이를 전 생애에 걸쳐 삶과 사회개혁에 실천적으로 적용했다. 기존의 결혼 제도가 여성에 대한 가부장적 억압에 기초하고 있다고 여긴 그는 1929년 사르트르와 평등한 관계를 전제로 한 결혼 계약을 맺고 각자의 주거 공간에서 생활하며 상대에게 모든 자유를 보장하는 동지적 관계를 유지했다.

보부아르의 대표작 『제2의 성』은 현대 여성해방운동의 교과서로 평가된다. 보부아르는 여성이 남성의 종속물로서의 '제2의 성'에서 벗어나 대등하고 자유로운 인간이 되어야 한다고 주장했다. 종래의 남성주의적 관점에 대한 전면적 비판은 물론, 프로이트의 정신분석학 및 마르크스주의의 여성관에 대해서도 비판을 가하며 실존주의적 여성관을 정립했다. "여성은 여성으로 태어나는 것이 아니라 만들어지는 것"이라는 유명한 문구와 함께 여성 문제를 살아 있는 현실 속에서 검토했다.

"애완동물은 태어나는 것이 아니라
만들어지는 것이다."

보부아르냥
Beauvoirnyang

시몬 드 보부아르

여성을 세상의 주인공으로

여성운동의 대모, 보부아르.

시몬 드 보부아르는 자신의 저작 『제2의 성』에서

여성과 남성은 동등한 존재라는 주장을 펼쳤다.

'제2'란 여성이 남성의 종속물임을 뜻한다.
이 주장이 어찌나 혁명적이었는지
바티칸 교황청이 『제2의 성』을 금서 목록에 올릴 정도였다.

여성은 오랜 기간 극심한 차별을 받았다.

여성들에게
참정권이 주어진 것은
고작 1928년의 일이다.

여성들의 노동력은
가정부와 세탁부 등
한정적인 일에 쓰였으며
그조차도 평가절하되었다.

20세기 중반 이후 사무직에 진출했지만

이때도 외모가 주요 채용 기준으로 작용했다.

여성차별의 시작

자기를 주체로 정립하는 주체에 의해 타자는 타자로 규정된다.

타자란 주체에 대비되는 객체, 즉 대상이다.

누구도 자발적으로 객체 또는 대상이 되려 하지는 않는다.

보부아르에 따르면 여성들은 자신이 주체라고 생각하는 남성에 의해 대상이 되어왔다.

주체가 본질이라면 객체와 대상은 비본질적이고 부차적인 존재다.

세상의 주인이 남성이라면 여성은 보조하는 존재다.

이들은 아담의 갈비뼈에서 비롯되었다.

처음 차도르를 만들어 이슬람 여성에게 걸치게 한 것은 누구인가?

처음 전족을 만들어 중국 여성의 발을 묶은 것은 누구인가?

남성 중심의 가부장제 사회가 여성에게 강요한 것이다.

여성은 여성으로 만들어진다

여성은 남성에 의해 선택되고, 남성을 보조하는 존재로 전락한다.

강한 신체에서
존재의 우월성을 찾는
논리 자체가 허구다.

국가나 기업 경영을
근력이 강한 사람에게 맡겨야 하는가?

인간은 육체로 규정되는 존재가 아니라

정신적, 사회적 존재다.

성이 생물학적 개념이라면 젠더는 사회학적 개념이다.
여자female의 몸과
특정 문화에 따라 규정되는 여성women은 서로 다른 개념이다.

여성다움과 남성다움의 정의

여성의 수동성은 성장 과정에서 남성의 시선에 의해 결정된다.

여성다움은 유년시절부터 줄곧 키워진 것이다.

여자아이가 인형을 갖고 놀면 "역시 여자야"와 같은 반응을 보인다.

남자아이에게는 바지와 파란 옷을 입히고 칼과 권총을 쥐어준다.

남자아이는
신체 노출에 제한이 없다.

여자아이의
신체 노출은
부끄러운 일이다.

엄마와 아빠의 말투나 행동을 보며 여성다움과 남성다움을 학습한다.

남성은 능동적, 도전적 성향을, 여성은 수동적, 수세적 성향을 갖는다.

보부아르는 여성다움이나 남성다움이
사회화 과정에서 조작되고 강요된 관념이라고 보았다.

여성은 항상 남성의 눈에 의해 사고와 행위가 정해진다.

여성이 주체로 서려면 스스로 타자의 자리에서 벗어나야 한다.

또한 사회적으로 발생하는 차별을 극복하려면
집단적, 사회적 방안을 강구해야 한다.

성차별은 유교의 영향이 강한 한국 사회에서 더욱 심각하다.

제2의 성에서 벗어나 평등관계를 지향하려는 사회적 차원에서의 각성과,

제도적 차별과 문화적 편견에
적극적으로 도전하는 태도가 필요하다.

남성 역시 가부장제 사회에서 그간 누려온 기득권을 내려놓는 자기성찰이 필요하다.

13

체 게바라 Ché Guevara, 1928~1967년

아르헨티나의 의사이자 혁명가. 의대에 재학 중이던 1951년 친구와 함께 오토바이를 타고 라틴아메리카의 여러 나라를 여행했는데, 이 여행이 게바라의 인생을 크게 바꿔놓았다. 당시 라틴아메리카의 많은 나라에서 독재 쿠데타 정부가 들어서며 수많은 민중이 빈곤과 폭력에 신음하고 있었다. 극심한 억압과 착취에 고통받는 이들을 본 게바라는 마르크스주의에서 해결의 길을 모색했다. 다만 군사적 폭압 통치에서 벗어나기 위해서는 무장투쟁이 유일한 혁명 수단이라고 판단했다. 게바라는 의대를 졸업한 뒤 피델 카스트로를 만나 쿠바혁명을 위한 원정에 합류했다. 처음에는 군의관으로 활동했으나 점차 전사로 거듭나 전투의 선두에 섰으며, 혁명군 라디오 방송을 통한 선전에서도 큰 활약을 펼쳤다. 능력을 인정받아 카스트로에 이어 혁명세력의 2인자로 올라섰고, 1958년 게바라가 이끄는 혁명군은 쿠바의 도시 산타클라라와 수도 아바나를 잇달아 점령하며 권력을 장악했다.

게바라는 혁명 정부의 산업부 장관을 맡았지만 집권 이후 점차 관료화되어가는 혁명세력에 실망을 느꼈고 이내 쿠바 시민권을 포기하며 새로운 꿈을 찾아 떠났다. 1965년 아프리카 콩고에서 혁명군을 이끌고, 1966년에는 남미의 볼리비아에서 바리엔토스 정권을 상대로 게릴라전을 벌였다. 39세가 되던 1967년 볼리비아 정부군에 잡혀 총살당했다.

"영원한 귀요미가 되는 그날까지."

낭 게바라
Cat Guevara

체 게바라

현대 해방운동의 아이콘

혁명가들은 대부분 퇴색한 흑백 사진 속에서 심각한 얼굴을 하고 있다.

체 게바라는 티셔츠나 가방에 그려진 친근한 이미지로 떠오른다.

억압에 저항하는 해방운동의 상징.

서구에서뿐만 아니라 아시아에서도 게바라의 이미지는 비슷하다.

순수하고 뜨거운 가슴을 가진 혁명가.

의사와 혁명가로

게바라는 아르헨티나에서 태어났다.
의사가 되기를 꿈꾸었던 게바라는
의대 졸업을 앞두고 친구와
라틴아메리카로 여행을 떠난다.

그곳에서 그는 발길이 닿는 곳마다 비참한 민중의 모습을 목격한다.

"나는 라틴아메리카 전역을 여행하며
빈곤, 기아, 질병에 죽어가는 무리를 보았다."

여행에서 목격한 참상이 게바라의 인생을 바꿔놓았다.
원하던 대로 의사 자격증을 취득한 후에도 고민은 멈추지 않았다.

게바라는 마르크스주의가 지향하는
권력과 자본의 지배에서 벗어난 자유로운 사회에서 희망을 보았다.

쿠바의 혁명가 피델 카스트로와의 만남을 통해 쿠바혁명에 발을 들였다.
게릴라 부대의 군의관이 되어 쿠바로 향했다. 그것이 게바라의 혁명가로서의 첫걸음이었다.

쿠바혁명의 영웅이 되다

군의관으로 참전했으나 전투를 거듭하며
게바라는 혁명 전사로 변화해갔다.

의사인가, 혁명가인가?
나는 결국 구급상자 대신
탄약상자를 짊어졌다.

쿠바 내의 반정부세력이 혁명군에 합류하며 점차 규모가 커지고 있던 때였다.
게바라는 여러 전투에서 성과를 내며 사령관 자리에 올랐고 반군의 지도자가 되었다.

1958년, 게바라가 이끄는 혁명군은 쿠바 제2의 도시 산타클라라에 입성한다.
궁지에 몰린 독재자 바티스타가 도망치듯 망명길에 오른다.

카스트로와 게바라는 곧이어 수도 아바나에 입성하며 쿠바혁명을 성공시켰다.
게바라는 세계의 피압박 민중에게 있어 혁명 영웅으로 자리매김했다.

다시 자유인이 되다

혁명 이후 빠르게 관료화되어가던 혁명 정부도 그의 결정에 영향을 미쳤다.

쿠바혁명의 상징이 되어 장관직을 맡은 게바라는 현실에 안주하기를 거부했다.

형제 국가의 모방이 실수다. 투쟁의 대상인 관료화 경향이 생겼다.

게바라는 기존 사회주의 국가의 관료화와 개인숭배 경향을 비판했다.

처음 게바라가 카스트로와 만났을 때 내건 조건은 단 한 가지였다.
혁명 성공 후에 다시 자유인으로 돌아가겠다는 것이었다.
게바라는 카스트로에게 편지 한 장을 남긴 채 총을 들고 밀림으로 돌아갔다.

보장된 자리를 박차고 나온 게바라는 이후
콩고와 볼리비아 등지에서 혁명 활동을 재개했다.
신념을 굽히지 않고, 혹독한 시련의 길을 다시 선택했다.

그는 1967년 볼리비아에서 게릴라 활동을 하던 중
볼리비아 정부군에게 체포되어 총살당했다.
100만 명의 군중이 쿠바 아바나에 모여 게바라의 죽음을 추모했다.

권력보다 신념을 좇는 자유인으로서의 지조, 인간을 향한 따뜻한 시선.
체바라가 지금까지도 많은 사람의 공감과 지지를 얻는 이유일 것이다.

"우리를 위해
나를 내어줄 때
인간은 아름다웠으며
여전히 아름답다."

14

베르너 하이젠베르크 Werner Heisenberg, 1901~1976년

현대 양자역학을 대표하는 독일의 물리학자. 뮌헨 대학에서 이론물리학을 전공했고, 유체의 난류에 관한 논문으로 학위를 취득했다. 1927년 오늘날 양자역학의 근원이 되는 '불확정성의 원리'를 제창했으며, 1932년 양자역학을 세운 공적으로 노벨물리학상을 수상했다. 대표 저작 중 하나인 『부분과 전체』(1969)는 원자물리학의 탄생과 발전 과정에서 정립된 자연관과 세계관에 대한 이야기를 담고 있다. 양자역학을 물리학뿐 아니라 자연과 세계에 대한 인식을 담고 있는 철학과도 연관시킨다. 그의 문제의식을 잘 보여주는 '불확정성의 원리'는 양자역학에서 입자의 위치와 운동량, 에너지와 시간 등과 같은 한 쌍의 물리량에 대해서 그 두 가지를 동시에 관측하여 정확하게 측정하거나 결정할 수 없다는 것이다. 이는 뉴턴의 고전물리학에 기초하고 있던 자연에 대한 발상을 근본적으로 뒤흔드는 것이었다. 하이젠베르크의 이론을 통해 물질의 현상이 규칙적이고 확정적인 값을 갖는다는 뉴턴의 물리학이 뿌리째 흔들리며 완전히 새로운 세상이 열렸다.

한편 그는 히틀러 통치하의 나치 정권과 타협적인 행보를 보여 세계대전 이후 거센 비난을 받았다. 무엇보다도 독일의 원자력 프로젝트에서 중심적 역할을 수행했다는 의심을 받았다.

"생선을 바라보는 순간 생선의 존재를 알 수 없게 된다."

하이젠베르냥
Heisenbernyang

베르너 하이젠베르크

양자역학을 통한 과학혁명

20세기 초반까지 과학은
뉴턴의 고전물리학이 지배하고 있었다.

하이젠베르크의 양자역학은 물리학계의 혁명과도 같았다.

원자, 전자, 양성자, 중성자 등
미시 세계 연구를 통해
자연과 과학에 대한 발상을
근본적으로 바꾸는 대사건이었다.

217

뉴턴 고전물리학의 원칙

뉴턴의 고전물리학은 확실한 인과 관계와 예측가능성을 전제로 한다.

고전물리학은 모든 현상을 원인을 통해 설명했다.

어떤 현상이 있다면 반드시 그 배후에는 원인이 있다.

복잡하고 무질서해 보이는 현상의 배후에는

반드시 단순한 질서가 숨어 있다.

자연은 질서 속에서 움직이기에
앞으로의 현상을 예측할 수 있다.

인과율을 부정하다

하이젠베르크의 이론은
이 두 가지 전제를 모두 뒤흔든다.
그는 현상에는 반드시 원인이 있다는
인과율을 부정했다.

우리는
인과율의 파탄을
보게 됩니다.

부분과 전체

현상과 원인이 실선으로 연결되지 않는다.

하이젠베르크는 세상의 기본 물질인
원자를 통해 자신의 이론을 설명한다.

라듐B 원자가 전자 하나를 방출하고 라듐C 원자로 전이되는 과정을 보자.

고전물리학의 상식으로 생각하면
전이의 양상이나 속도가 규칙적이어야 한다.

전자 방출의 방향도 제각각이라 결정 요소를 찾을 수 없다.

방출된 전자는
또한 원자핵에서 방사되는
물질파로도 파악된다.

전자는 입자인 동시에 파동이기도 하다.
간섭현상을 일으키므로 어떤 결정 요소가 일관된 작용을 하는 것이
불가능하다.

결국 시간과 공간 모두에서 무작위한 **변화**가 나타난다.
경향이 없으니 확실한 원인을 찾는 시도 자체가 무의미하다.

하이젠베르크는 우주의 기본 물질인 원자의 운동과 변화에 인과율이 적용되지 않음을 증명했다.

불확정성의 원리

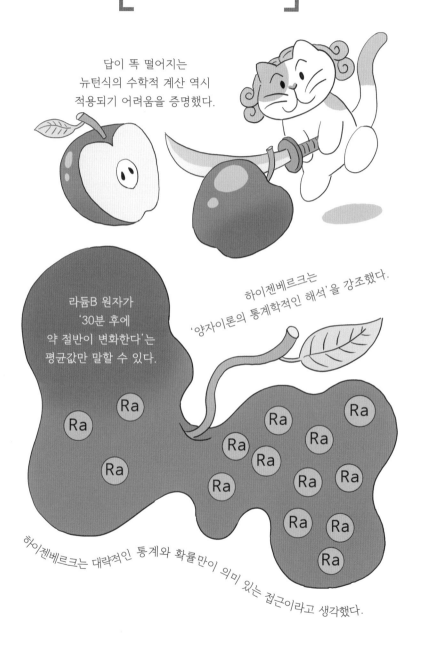

답이 똑 떨어지는
뉴턴식의 수학적 계산 역시
적용되기 어려움을 증명했다.

하이젠베르크는
'양자이론의 통계학적인 해석'을 강조했다.

라듐B 원자가
'30분 후에
약 절반이 변화한다'는
평균값만 말할 수 있다.

하이젠베르크는 대략적인 통계와 확률만이 의미 있는 접근이라고 생각했다.

물체의 운동을 예측하려면 위치와 운동량을 정확히 알아야 한다.

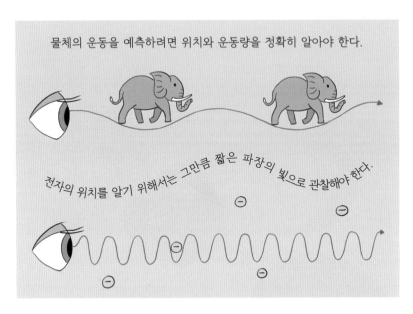

전자의 위치를 알기 위해서는 그만큼 짧은 파장의 빛으로 관찰해야 한다.

빛의 파장이 짧아지면
전자의 유동성이 커져서
운동량의 값이 부정확해진다.

운동량을 정확하게
알고자 하면 할수록
전자의 위치는
더욱 불확실해진다.

결국 위치와 운동량은 전자 세계에서는 서로 불확실한 관계가 된다.

이것이 양자역학에서 이야기하는 불확정성의 원리다.
우리는 전자가 존재할 시간과 장소를 확률로 표시할 수 있을 뿐이다.

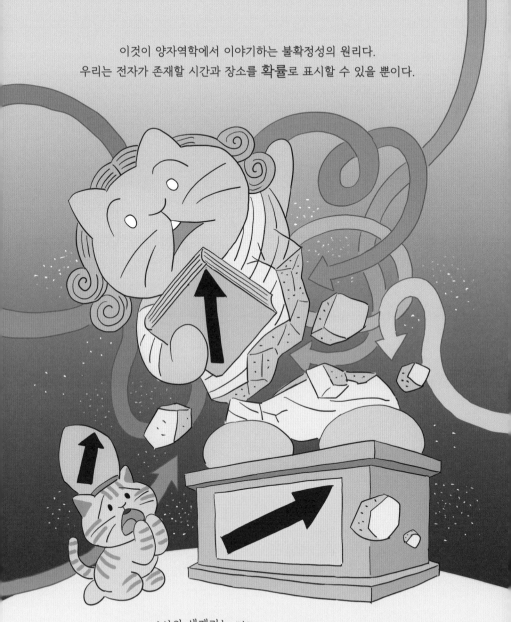

자연이 필연성의 세계라는 전통적인 결정론이 무너지는 순간이다.

이렇게 뉴턴 물리학의 예측가능성은 설 자리를 잃었다.

기존 과학은 우연이란 인간 인식의 한계일 뿐이라고 보았다.
오직 인과율과 예측가능성을 전제로 한 길만을 과학으로 인정했다.

하이젠베르크의 양자역학은 자연에 대한 새로운 인식을 제공한다.
정해진 규칙에 갇힌 자연을 풀어주는 세계관이다.

15

자크 데리다 Jacques Derrida, 1930~2004년

알제리 출생, 프랑스의 철학자. 현대를 대표하는 철학자로 손꼽힌다. 유대인으로서 차별과 서구 문명의 위선을 경험하며 자랐다. 1952년 파리 고등사범학교에서 키르케고르와 하이데거 등을 연구했고, 졸업 후 미국 하버드 대학에서 조교 생활을 하다 1965년 고등사범학교의 교수로 임명되었다. 1979년 소르본 대학의 철학 강의를 맡으며 정치적 참여에도 적극적인 모습을 보였다.

포스트모더니즘으로 특정되는 현대철학에 해체 개념을 도입했다. 해체주의적인 입장을 바탕으로 서양의 형이상학적 철학과 이성중심주의를 비판하는 데 앞장섰다. 이성중심적인 근대철학을 무너뜨리고자 한 니체의 사유를 비판적으로 계승하면서 전통적인 철학의 허구성과 한계를 입증하려 했다.

무엇보다 대조되는 개념쌍을 중심으로 사유체계를 세우는 서양철학의 전통적인 사유 방식에 비판적인 태도를 취했다. 데리다는 실제 세상이 두 가지로 대조되지 않는 수많은 현상과 상태를 갖고 있다는 점을 인지하고 위계적인 대조쌍으로 구축된 거대한 이론 체계를 해체하고자 했다.

자크 데리냥
Jacques Derrinyang

자크 데리다

현대의 해체와 미래

데리다는 지난 수십 년 동안 서구에서 가장 문제적인 철학자로 꼽힌다.

포스트모더니즘으로 불리는 해체주의 철학을 대표하는 사상가다.

포스트모더니즘은
현대사회를
상징하는 개념이다.

현대의 뿌리인 근대적 사고에서 벗어나 미래로 향하는 경계에 자리한다.

이성을 지닌 주체라는 신화의 종말

해체의 핵심 대상은 서양철학의 절대적 기준이었던 이성이다.
데리다는 서양철학을 지탱하는 '합리적 이성' 자체가
현대사회에서는 의미를 상실했다고 보았다.

이성을 해체한다는 것은 서양철학이라는 건물의 기둥을 무너뜨리는 일과 같다.

이성을 신뢰할 수 없는 이유는 무엇일까?

데리다는 이성을 표출하는 도구인 언어에서 문제점을 찾았다.

이성에 대한 신뢰에는 언어가 생각을 정확히 전달한다는 전제가 필요하다.

서양철학 자체가 언어를 통해 쌓아온 견고한 탑이다.

하지만 언어가 정말 생각을 있는 그대로 전달하는 도구일까?

기호에서 기호를 지시한다.

그라마톨로지

생각이 지시하여 기호로서의 언어를 사용하는 것이 아니다.
기호가 의미를 지시하며, 우리는 그 지시 안에서만 생각한다.

언어가 전달하는 의미가 없다면 생각도 없다.

생각의 주인은 정신이 아니라 기호로서의 언어다.

의식은 의식 바깥으로 추방된 것이다.

의식은 그 스스로 작동하는 것이 아니라 기호라는 우회로를 통해서만 작동한다.

게다가 언어는 시간이 흐름에 따라 필연적으로 변질되고 다른 의미로 사용된다.

그에 따라 의사소통도 왜곡된다.

그 결과 언어를 매개로 시간과 공간을 넘어서는 보편적이고 객관적인 이론을 세우려는 시도는 허무에 빠지게 된다.

결국 인간은 자립적이고 이성적인 주체로서의 자격을 상실한다. 이성도 자율적인 지위를 잃고 기호에 종속된 지위로 추락한다.

이성보다 감각과 감성으로서의 인간

기호를 생산하는 것은 감각이다. 따라서 정신은 이성보다는 감각에 가깝다.

기호의 익숙함은 주로 감각의 반복 경험으로 형성된 기억에 의존한다.

복잡한 개념은 기억의 편의를 위해 개념쌍을 이용한다.
자연과 정신, 자연과 역사, 자연과 법…

서양철학은 감성적 은유로
관능과 정신, 지각과 지성,
감각과 의미 등의 대립쌍을 만든다.
대립쌍의 한쪽에 감각의 기반이 되는
자연적 요소가 자리 잡는다.

이를 통해 더욱 고도로 발전한 단계에 이른 형이상학조차 가능해진 것이다.

그런데 데리다는 철학 개념의 뿌리인 이 감성적 은유들이
추상적, 유동적이라 보았다. 이런 은유들은 세월을 거치며
수사와 의미의 변화를 겪는다.

변화를 겪으며 보편성, 객관성을 상실한다.

따라서 이 은유에 기댄 철학의 엄밀성 역시 죽음을 맞이한다.

은유는 항상
자체 내에서
철학의 죽음을
운반한다.

거대 이론 체계의 해체

인식의 보편성은 없고
오직 차이만 있기에
정신의 운명은 해체에 있다.

개별 지식을
거대 지식으로 통합하는
이론 체계는 불가능하다.

애초에 통합할 수 없는 차이를 지닌 지식을 통합했기에 기존 체계는 타당성이 없다.

특히 복잡한 현대에서 이성은 여러 현상을 하나로 설명할 능력이 없다.

그러면 지식은 앞으로 어디를 향해야 하는가?

이제 학문의 과제는 과거처럼
인류의 보편적인 요구에
있지 않다.

직접적, 현실적 영역에서
복잡한 수단에 인류가
적응하게 만들어야 한다.

데리다는 지식이
개별 영역에서의 부분적이고
특수한 역할로 한정되어야
한다고 생각했다.

읽으면 좋고, 안 읽어도 그만

도슨트 투어
docent tour

그림에 담긴 의미,
알면 더 재미있는 배경 지식,
한발 더 들어가는 독서를 제안하는 '깊이와 넓이'까지
본문에 담지 못한 유익한 군더더기들을 모았어요.

020 소크라테스는 평생 저작을 남기지 않았다.

현재 정리되어 있는 소크라테스의 사상은 대부분 제자인 플라톤의 묘사를 기초로 한 것이다.
어디서부터가 소크라테스 자신의 생각이고 어디서부터가 플라톤의 생각인지에 관해서는
연구자들의 의견이 분분하다.

본문에 인용된 『파이돈』, 『향연』, 『크리톤』, 『알키비아데스』, 『프로타고라스』, 『국가』는
모두 플라톤의 책이다.

021 소크라테스는 대중교육에 부정적인 태도를 취했다.

지식은 가르칠 수 있어도, 근원적인 진리는
전달이 불가능하다고 보았기 때문이다. 근원적인 진리에
가닿으려면 오직 스스로 깨닫는 과정을 거쳐야 하는데,
그 방법으로 내놓은 것이 **산파술**이었다.

022 **프로타고라스**는 고대 그리스의 소피스트로,
"인간이 만물의 척도다"라고 주장했다.

개인의 인식에 따라 사물을 상대적으로 인지하고 또 판단한다는 뜻으로,
객관적이고 절대적인 진리가 있다고 주장했던 소크라테스의 의견과는
상반되는 상대주의적 진리론을 폈다.

플라톤의 『프로타고라스』에 출현하여 소크라테스와 토론을 나눈다.

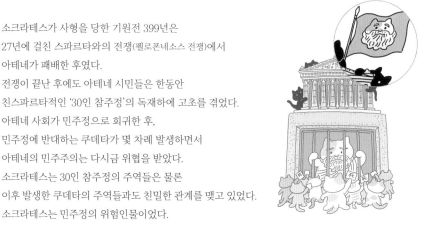

027 소크라테스가 사형을 당한 기원전 399년은
27년에 걸친 스파르타와의 전쟁(펠로폰네소스 전쟁)에서
아테네가 패배한 후였다.
전쟁이 끝난 후에도 아테네 시민들은 한동안
친스파르타적인 '30인 참주정'의 독재하에 고초를 겪었다.
아테네 사회가 민주정으로 회귀한 후,
민주정에 반대하는 쿠데타가 몇 차례 발생하면서
아테네의 민주주의는 다시금 위협을 받았다.
소크라테스는 30인 참주정의 주역들은 물론
이후 발생한 쿠데타의 주역들과도 친밀한 관계를 맺고 있었다.
소크라테스는 민주정의 위험인물이었다.

027 "크리톤. 아스클레피오스에게 닭 한 마리를 빚겼으니 자네가 갚아주게."
독배를 마신 소크라테스는 그 자리에 있던 친구 크리톤에게 이런 유언을 남겼다.
아스클레피오스는 그리스 신화에 나오는 의술의 신으로,
당시 아테네 사람들은 병이 나으면 아스클레피오스의 신전에 감사의 표시로 닭을 바치곤 했다.
소크라테스는 왜 죽음을 피하지 않았을까? 그가 보기에 죽음은 육체의 현상일 뿐이다.
인간의 본질은 정신에 있으며, 육체는 정신의 부산물이다.
따라서 소크라테스는 죽음을 오히려 정신의 근원에 다가서는 과정으로 보았다.
그래서 '삶'이라는 병을 낫게 해준 아스클레피오스에게 닭 한 마리 빚겼다는
재치 있는 유언을 남긴 것이다.

스톤, 『소크라테스 철학의 비밀』, 편상범 옮김, 자작아카데미, 1999.
컨퍼드, 『소크라테스 이전과 이후』, 이종훈 옮김, 박영사, 2006.
플라톤, 『소크라테스의 변명, 크리톤, 파이돈, 향연』, 황문수 옮김, 문예출판사, 1999.
플라톤, 『국가』, 박종현 옮김, 서광사, 2009.

(033) **"사람도 제대로 섬기지 못하는데, 어찌 귀신을 섬길 수 있겠느냐?**
삶에 대해서도 모르는데, 어찌 죽음에 대해 알겠느냐?"

공자는 신이나 사후 세계 등 인간이 어찌할 수 없는 영역보다는 당장 꾸려가고 있는
삶을 더 중시했다. 공자가 윤리, 도덕을 중요하게 여긴 것도
살아 있는 사람들의 질서이기 때문이었다.
효孝를 통해 사람이 이 세상에 홀로 나타나는 존재가 아니라
무수한 조상을 두고 있는 존재임을 가르쳤고,
인仁을 통해 살아가는 사람들 간의 사랑을 가르쳤다.

(035) **"아는 것을 안다고 하고,**
모르는 것은 모른다고 하는 것이 아는 것이다."

공자가 제자인 자로에게 한 말이다.
자로는 '성격이 거칠고, 용맹스러운 일과
힘쓰는 일을 좋아하고 의지가 강하고 정직하였다'고 한다.
공자는 성급하게 모르는 것을 아는 체하는 자로를
깨우쳐주기 위해 이처럼 말했다. 이 말은 최근
인지심리학의 대단히 중요한 개념인 '메타인지'와도 연결된다.

039 춘추전국시대의 사상가 묵자는 『묵자』에서 유교의 허례허식이 도리어
백성의 이익을 저해한다고 비판하며 그 예시로 삼년상을 들었다.
묵자는 공자가 강조했던 장례의 도를
"천하를 망치는 유가의 네 가지 도" 중 하나로 꼽으며
애도의 기간은 3개월이면 충분하다고 주장했다.
"가난한 사람이 삼년상을 치르려면 살림을 탕진하게 된다.
농부는 농사를 지을 수 없고 공인은 수레와 배를 수리하거나
그릇을 만들 수 없다."

041 공자의 제자 재여는 언변이 뛰어났지만 스승에게 꾸중을 많이 들었다고 한다.
공자는 "옛날에는 다른 이가 어떤 말을 하면 그 말을 그냥 받아들였는데,
지금은 다른 이가 어떤 말을 하면 그의 행실을 보고 다시 확인하게 되었다.
이것은 재여 때문에 그렇게 된 것이다." 하고 혹평을 가했다.

공자, 『논어』, 김학주 옮김, 서울대학교출판부, 1995.
주자, 『논어집주』, 최영갑 옮김, 펭귄클래식, 2011.
풍우란, 『중국철학사』, 박성규 옮김, 까치, 2012.

끝이 없이

(044) 중세 로마 가톨릭교회의 수도사들은 민머리에
마치 띠를 두른 것처럼 보이는 독특한 머리를 했는데,
이를 **톤슈라**tonsura(삭발례)라고 부른다. 종교적 신념이나 겸손을 나타낸다.
1972년 교황 바오로 6세가 공식적으로 금지했다.

(047) 아퀴나스는 신학과 철학이 상호보완적인 관계라고 생각했다.
아래는 아퀴나스의 『신학대전』에서 신학과 철학의 관계에 관해 아퀴나스가 한 설명이다.

> 인간의 구원을 위해 인간 이성으로 탐구되는 철학적 여러 학문 분야 외에
> 하느님의 계시를 따라 이루어지는 어떤 가르침이 있을 필요가 있었다. (…) 거룩한 가르침은
> 철학적 학문들에서 어떤 것을 받을 수 있다. 그러나 그것은 어떤 필연성에서 철학적 학문들을
> 필요로 하는 것이 아니라, 거룩한 가르침이 전달하는 것들을 더 명백하게 드러내기 위해서다.
> 거룩한 가르침은 자기 원리들을 다른 학문들에서 받는 것이 아니라 직접 하느님으로부터
> 계시로 받는다. 그러므로 거룩한 가르침은 다른 학문들을 더 위의 것으로 하여
> 그것들에서 받는 것이 아니라 다른 학문들을 더 아래 것으로,
> 또 하녀로서 사용하는 것이다. 그것은 마치 건축학이 그것 밑에서
> 종사하는 학문들을 사용하는 것과 같고 또 정치학이
> 군사학을 사용하는 것과 같다.
> **토마스 아퀴나스의 『신학대전』 제1부 제1문제 중에서**

(048) 예수가 들고 있는 『성경』의 알파α(Alpha)와 오메가Ω(Omega)는
그리스 문자 첫 글자와 끝 글자를 나타낸 말로서,
'처음과 나중', '완전함', '충만함' 등을 상징한다. 특히 『성경』에서는
하느님 자신 또는 예수 그리스도를 가리키는 신의 명칭으로 사용되었다.
후광(halo)에 쓰인 ω는 하느님을, O은 예수님을, N는 나사렛 사람을 의미한다.

읽어 볼 책

아퀴나스, 『존재자와 본질에 대하여』, 김진 옮김, 서광사, 2006.
아퀴나스, 『지성단일성』, 이재경 옮김, 분도출판사, 2007.
아퀴나스, 『신학대전 요약』, 이재룡 옮김, 가톨릭대학교출판부, 2008.
에티엔느 질송, 『중세철학사』, 김기찬 옮김, 현대지성사, 2007.

(059) **오귀스트 로댕의 「지옥의 문」**(1933년 주조)

높이 5미터를 넘는 청동상으로,
단테의 『신곡』 「지옥편」을 주제로 했다.
200개 이상의 인체상이 주조되어 있으며,
로댕의 대표작으로 알려진 「생각하는 사람」 역시
「지옥의 문」의 일부분이다.
로댕이 30여 년 동안 작업에 매달렸으나 끝내 미완성으로 남았다.
「지옥의 문」 꼭대기 중앙에 선 악령 '세 그림자'가
지옥의 고통에 시달리는 인간들을 손으로 가리키고 있다.

(060)

미켈란젤로의 「시스티나 천장화」

바티칸의 시스티나 성당 천장에 그려진 그림으로
정확히는 「시스티나 천장화」 중 「아담의 창조」다.
왼쪽에 우아하게 누워 있는 사람은 아담이고, 아담과 손을 맞대고
생명을 불어넣는 이는 하느님이다.

(061) **르네상스는 14세기 이탈리아에서 시작됐다.**
이탈리아에서 르네상스가 태동하게 된 배경은 여러 가지로 살펴볼 수 있다.
우선 로마제국의 유산이 집중적으로 남아 있는 곳이었기 때문에
상대적으로 로마 문화에 대한 친근성이 있었다. 처음에는 로마가 주목의 대상이 되었으나
점차 로마 문화의 배후에 숨은 그리스 문화의 매력이 발견되며
고대 그리스 로마 문화가 총체적으로 조명을 받았다.
또한 이탈리아는 동서 교류의 중심지 역할을 하던 지역으로,
이슬람권에 퍼져 있던 아리스토텔레스를 비롯한
그리스 학문의 수용이 용이했다.

위에서부터 레오나르도 다빈치의 「비트루비우스적 인간」,
산드로 보티첼리의 「비너스의 탄생」,
레오나르도 다빈치의 「모나리자」.
모두 르네상스 시기에 탄생한 걸작들이다.

(062) 단테는 이성과 감성이 모두 필요하다고 보았다.
『신곡』에서 단테를 인도하는 시인 베르길리우스는
인간의 이성과 철학을 상징한다. 하지만 이성만으로는
최종적인 구원의 길에 들어설 수 없다.
베르길리우스를 단테에게 보낸 것은 **베아트리체**였고,
또한 목적지인 천국으로 들어가기 위해서도
그녀의 사랑이 필요했다.

단테와 베르길리우스를 배에 태우고 노를 젓고 있는 이는 **지옥의 뱃사공 카론**이다.
두 사람은 카론의 도움으로 아케론강을 건너 지옥의 문 앞에 도착한다.
지옥의 문에는 그 유명한 문구가 적혀 있다.
"여기 들어오는 너희는 모든 희망을 버릴지어다."

(064) 베아트리체는 단테가 9세에 처음 만나 평생 사랑을 바친 여인이다.
단테의 삶에 큰 영향을 미쳤으며,
단테의 다른 저작에서도 베아트리체의 흔적을 찾을 수 있다.

성직을 사고팔던 무리들이 벌을 받고 있다.
교황이었던 니콜라오 3세는
주머니에 돈을 모은 죄로 주머니 모양의 구멍에
거꾸로 박혀 있다.
　　　　　단테의 『신곡』 「지옥」 중에서

(068) 단테는 종교의 타락이 만연한 시대를 살았다. 교황을 비롯한 고위 성직자들은
성직 매매를 통해 쏠쏠한 수입을 올렸고 친인척을 마음대로 고위직에 앉혔다.
면죄를 인질 삼아 막대한 헌금을 축적했으며 많은 성직자가 사생아를 두었다.
단테는 대담하게도 첼레스티노 5세, 보니파시오 8세, 니콜라오 3세, 요한 22세,
클레멘스 5세 등 실존했던 교황들을 지옥에서 허우적거리게 만들었다.

단테, 『신곡』, 한형곤 옮김, 서해문집, 2007.
보카치오, 『데카메론』, 박상진 옮김, 민음사, 2012.
에라스뮈스, 『우신예찬』, 강민정 옮김, 서해문집, 2008.

(077) 천동설(지구중심설)은 지구가 우주의 중심이며 모든 천체가 지구 주위를 돈다는 학설이다.
기원후 1세기경 그리스 천문학자 프톨레마이오스가 체계화한 우주 운동 원리다.
중세 초기 기독교는 인간중심적인 기독교의 교리와 프톨레마이오스의 천동설이 잘
맞아떨어진다는 것을 발견했고, 이를 토대로 신이 지구를 중심으로
세상을 창조하고 인간에게 은혜를 베풀고자 우주의 해, 달, 별을
만들었다는 논리를 세웠다. 1,000년이 넘는 시간 동안
유럽 사람들은 지구가 우주의 중심이라고 믿고 살았다.

(077) 코페르니쿠스는 『천체의 회전에 관하여』를 출간하며 이단으로 몰릴 것을 크게 염려했다.
그는 교황과 교회를 자극하지 않기 위해 책 앞머리에
'교황 바오로 3세에게 드리는 서문과 헌정'을 실었으며,
자신의 의지로 출간하는 것이 아니라
주위의 권유에 못 이겨 출간하는 것임을 강조했다.
또 논쟁거리가 될 만한 내용은 최대한 삭제했다.
그러면서도 그는 자신의 연구에 분명한 확신이 있었다.

이 연구에서 제가 주장한 것들을 재능 있고 학식 있는 수학자들이 깊은 생각과 노력으로 검토한다면,
그들도 저의 의견에 동의할 것으로 확신합니다. 그리고 제가 어떤 비판도 피하려 하지 않는다는 것을
모두에게 보이기 위해, 저는 저의 숨겨졌던 연구의 결과들을 누구보다도 교황님께 헌정하려 합니다. (…)
만약 수학에 대해서는 무지하면서도 말하기는 좋아하는 게으름뱅이들이 뻔뻔스럽게도 『성서』 구절의
의미를 왜곡하여 저를 비난하고 공격한다 하여도 저는 오히려 그들의 무모한 비판을 경멸할 것입니다.
코페르니쿠스의 『천체의 회전에 관하여』, '교황 바오로 3세에게 드리는 서문과 헌정' 중에서

코페르니쿠스의 **지동설**은 완성된 것이 아니었다.
코페르니쿠스는 원이 신이 내린 완벽한 기하학적 형태이며,
행성들이 태양을 중심으로 완벽한 원을 그리며 돌 것이라고 믿었다.
원 궤도가 실제 관측 데이터와 잘 맞아떨어지지 않았음에도
코페르니쿠스는 자신의 생각을 바꾸지 않았다.
그로부터 약 100년이 지난 뒤, 독일의 천문학자 케플러가
행성들이 태양을 중심으로 타원을 그리며 돈다는 이론을 포함한
'케플러 법칙'을 발표하며 다시 한번 천문학계에 새로운 바람을
불어넣었다.

갈릴레이, 『시데레우스 눈치우스』, 장헌영 옮김, 승산, 2004.
코페르니쿠스, 『천체의 회전에 관하여』, 민영기 옮김, 서해문집, 1998.

고양이 맘이

(092) 외젠 들라크루아의 「**민중을 이끄는 자유의 여신**」

1830년, 프랑스 7월 혁명을 기념하기 위해 그린 그림으로
1886년 미국 독립 100주년을 기념해 프랑스가 미국에 선물한
'자유의 여신상'의 모티브가 되었다.
원래 그림에서는 '자유의 여신'이 깃발과 총을 들고 있지만,
조각상에서는 미국 정부 측의 요청으로
횃불과 책으로 바뀌었다.

(104)

"**권력과 주권은 인민으로부터 나온다.**"

루소의 이와 같은 이론은 현실성 측면에서 비판을 받기도 했다.
루소의 이론이 역설적으로 국민의 의지를 내세워 개인의 요구를 묵살하는 것을
정당화할 수 있기 때문이다. 루소의 열렬한 추종자로 알려진 로베스피에르가
대표적인 예다. 프랑스 대혁명 직후 공포정치로 이름을 날린 로베스피에르는
루소의 이론을 기반으로 왕권신수설을 배격하고 보통선거를 추진하는 등
개인의 주권을 보장하는 나라를 세우고자 했다. 그러나 그 과정에서
많은 희생을 정당화하며 '루소의 피로 물든 손'이라는 별명을 얻었다.

더 읽을 거리

루소, 『사회계약론』, 정영하 옮김, 산수야, 2011.
루소, 『에밀』, 민희식 옮김, 육문사, 2013.
루소, 『인간 불평등 기원론』, 김중현 옮김, 펭귄클래식, 2014.

(107) $F=ma$는 뉴턴의 운동 제2법칙인 **가속도의 법칙**과 관련이 있다.
질량이 m인 물체에 힘 F를 가하면
물체가 가속도 a를 갖는다는 뜻이다.
$F=\dfrac{mv^2}{r}$은 구심력을 구하는 공식이다.
물체의 질량 m과 운동속도 v의 제곱을 곱한 값을
물체의 회전 궤도의 반지름 r로 나누면
물체가 받는 구심력 F를 구할 수 있다.
$F=G\dfrac{Mm}{r^2}$은 **만유인력**을 구하는 공식이다.
만유인력 상수 G에 천체의 질량 M과 물체의 질량 m을
곱한 뒤 천체와 물체 사이의 거리 r의 제곱으로 나누면
물체가 받는 만유인력의 크기 F를 구할 수 있다.

(108)

원제는 『자연철학의 수학적 원리
Philosophiae Naturalis Principia Mathematica』다.
줄여서 『**프린키피아**Principia』라고 불린다.
'프린키피아'는 라틴어로 '원리'라는 뜻이다.
1687년 세 권으로 출간되었으며, 원문은 라틴어로 되어 있다.
뉴턴은 이 책에서 뉴턴의 운동법칙 세 가지와
만유인력의 법칙을 소개하는데,
난해한 내용으로 출간 당시에도 악명이 높았다.

(116) 뉴턴의 운동법칙을 정리하면 다음과 같다.

제1운동법칙: 관성의 법칙
외부의 힘이 작용하지 않는 한, 정지해 있는 물체는 계속 정지해 있으려 하고
운동하는 물체는 계속 일정한 방향과 속도로 움직이려 한다.

제2운동법칙: 가속도의 법칙
어떤 물체에 가해지는 가속도의 크기는 주어진 힘의 크기에 비례한다.

제3운동법칙: 작용과 반작용의 법칙
모든 작용에 대해 크기는 같고 방향은 반대인 반작용이 존재한다.

더 읽어보기

뉴턴, 『프린키피아』, 이무현 옮김, 교우, 2018.
장-피에르 모리, 『뉴턴, 사과는 왜 땅으로 떨어지는가』, 김윤 옮김, 시공사, 2007.

128 애덤 스미스는『도덕감정론』에서 "개인의 경제적 이기심은 **사회의 도덕적 한계 내에서만 허용해야 한다**"라며 개인의 끝없는 이기심은 결코 허용할 수 없다고 했다. 스미스는 개인의 이기심도 그 체계에 따라 공공의 이익으로 전환할 수 있다고 생각했으므로 대중을 돕는 최선의 길이 자유시장경제라고 주장한 것이다.

134 애덤 스미스는 자본주의의 문제가 부각될 때마다 많은 비난을 받았다. 하지만 그는『국부론』에서 "구성원의 다수가 가난하고 비참한 사회는 결코 번성할 수도 행복할 수도 없다"고 했으며, 경제성장을 이끌기 위해 노동자의 임금 수준을 가능한 한 끌어올려야 한다고 주장했다. 스미스는 비록 바람직하진 않으나 이기심을 자극하여 경제발전을 이루고 절대적 빈곤으로부터 벗어나면 보이지 않는 손이 공평한 사회를 위해 작동될 것으로 믿었다. 그는 모두 함께 잘사는 세상을 꿈꾸며『국부론』을 집필했지만, 인간과 자본주의의 탐욕을 간과했다.

애덤 스미스,『도덕감정론』, 박세일 옮김, 비봉출판사, 1996.
애덤 스미스,『국부론』, 김수행 옮김, 비봉출판사, 2015.
프리드먼,『선택할 자유』, 민병균 옮김, 자유기업원, 2004.

부의 이해

(138) 마르크스의 『**자본론**Das Kapital』은 자본주의의 현실을 냉정한 시각으로 분석한 고전이다.
총 세 권으로 구성되어 있으며, 1867년에 제1권이 출간되었다.
제1권에서는 자본주의의 세포에 해당하는 '상품의 생산'을 다룬다.
상품이 생산되는 과정에서 어떻게 이윤이 발생하고, 자본 축적이
이루어지는지 분석한다. 제2권에서는 유통 과정을 거쳐 자본의 회전이
이루어지는 메커니즘을 연구한다. 제3권에서는 생산 영역에서 창출된
이윤이 각 사회 계급에게 어떻게 분배되는지, 이 과정에서
자본주의의 모순이 어떻게 심화되는지를 분석한다.
시대가 변하고 자본주의가 변화하면서 『자본론』역시 많은 한계를 품게
되었으나, 마르크스가 제기한 문제의식은 여전히 유의미하다.

(143)

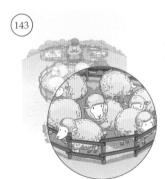

인클로저의 사전적 의미는 '울타리를 두름'이다.
토머스 모어는 『유토피아』에서 영국의 인클로저를 두고
다음과 같이 말했다. "양이 사람을 잡아먹는다."
15세기 말, 영국에서는 양모업과 모직산업이 크게 발달했다.
지주들은 농민들에게 빌려주었던 땅을 모두 거둬들이고
공동 경작지에도 울타리를 쳐서 이를 사유지화했다.
그리고 그 땅에 양을 기르기 시작했다.
인클로저라는 이름은 이 울타리를 치는 행위에서 유래했다.
지주와 젠트리 들이 양모업으로 막대한 부를 축적하는 동안,
토지를 빼앗긴 농민들은 일자리를 잃고 도시로 흘러들어
저임금 노동자가 되었다. 이들의 값싼 노동력을 발판으로
영국에서는 산업혁명과 자본주의가 본격적으로 시동을 걸었다.

(148) 컨베이어 벨트를 본격적으로 생산 과정에 도입한 이는
'포드 자동차'의 헨리 포드였다. 1913년 컨베이어 벨트 시스템이
도입되기 전까지만 해도 자동차 조립은
수작업을 통해 이루어졌기 때문에 제작 속도가 느리고,
값도 매우 비쌌다. 컨베이어 벨트의 도입은
대량생산의 문을 열며 산업 전반에 큰 변혁을 불러왔다.
하지만 생산량이 대폭 증가하면서
노동자에게는 큰 부담이 가중되었다.

김수행, 『알기 쉬운 정치경제학』, 서울대학교출판부, 2003.
마르크스, 『자본론』, 김수행 옮김, 비봉출판사, 2015.
벤 파인, 『마르크스의 자본론』, 박관석 옮김, 책갈피, 2008.

(153) 무의식이란 '의식에 영향을 미치기는 하나,
꿈이나 정신분석의 방법을 통하지 않고는 의식화하지 않는 의식'을 말한다.
이 무의식의 발견은 프로이트의 커다란 업적으로,
그는 무의식이 우리가 일상적으로 인지하고 있는 의식과 달리
우리 자신도 모르는 곳에서 은밀하게 우리를 조종하고 있다고 주장한다.
의식은 인간이 스스로 인지하고 통제할 수 있지만
무의식은 그러한 통제를 벗어나 있기 때문이다.

(161) 오이디푸스 콤플렉스는 프로이트가 『꿈의 해석』에서
처음 제안한 개념으로, 아들이 아버지를 시기하고
어머니에게 성적으로 사랑을 느끼는 감정을 뜻한다.
그리스 신화 속 인물 오이디푸스에게서 유래한 이름으로,
오이디푸스는 타고난 운명대로 아버지를 죽이고
어머니와 결혼하는 비극적 인물이다.
프로이트는 오이디푸스 콤플렉스는 아버지의 세계를
넘어서려는 아들의 무의식적 소망이라고 분석했다.
오이디푸스 콤플렉스가 발생하는 시기는 유아기 때로,
프로이트는 그 욕망이 좌절되고 해소되는 과정에서
무의식과 의식의 경계가 분명해진다고 설명했다.

프로이트는 정신 구조를 의식과 전의식
그리고 무의식으로 구분했다.
잠재되어 있으나 의식화할 수 있는 것이 전의식에 해당한다.
"전의식은 무의식보다는 의식 쪽에 훨씬 가까이 있다."
전의식 내용은 쉽게 의식에 접근할 수 있고,
일시적으로만 무의식적이다.
무의식 내용은 전의식으로 자유롭게 흐르지 않는다.
둘 사이에 억압과 검열이 작동하기 때문이다.
전의식은 무의식과 의식 사이에 있기 때문에
한편으로 성적 본능을 비롯한 일차적 요소에 영향을 받지만,
다른 한편으로 의식처럼 언어와 논리적 사고를 사용하는
이차적 과정에 의해 작용하는 경향이 있다.

프로이트, 『억압, 증후, 그리고 불안』, 황보석 옮김, 열린책들, 1997.
프로이트, 『무의식에 관하여』, 윤희기 옮김, 열린책들, 2000.
프로이트, 『꿈의 해석』, 서석연 옮김, 범우사, 2002.
프로이트, 『정신분석강의』, 임홍빈 옮김, 열린책들, 2007.

더 읽어보기

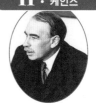

(173) **공황을 자본주의의 병적 증상이라 설명한 사람은 칼 마르크스다.**
마르크스는『자본론』에서 자본주의 경제는
내부적인 모순이 있기 때문에 필연적으로
생산과 소비가 불균형을 이루는 때가 오고,
그로 인해 공황, 즉 경제위기가 발생한다고 설명했다.

(174) 제1차 세계대전 이후 미국은 10년간 유례없는 호황을 누렸다.
기업들은 생산량을 대폭 늘리고 사람들은 마음껏 먹고 마시고 즐겼다.
이 시기를 '광란의 20년대Roaring Twenties'라고 부를 정도였다.
농산물의 과잉생산으로 농가가 큰 타격을 입고,
과잉생산된 공산품이 시장 내에서 소비되지 못하는 등
점차 공황의 전조 증상이 나타나고 있었지만 누구도 크게 주목하지 않았다.
1929년 10월 24일과 10월 29일, 다우존스 지수가 연이어 대폭락하며
대공황의 시작을 알렸다. 각각 '검은 목요일'과 '검은 화요일'이라고 부른다.
기업이 잇달아 파산하고 실업률이 치솟았다.
이렇게 시작된 **대공황**은 제2차 세계대전이 발발하는 1939년까지 계속되었다.
대공황이 시작된 후 전 세계 GDP가 15퍼센트나 감소했고,
미국에서만 1,000만 명이 넘는 실업자와 파산자가 생겨났다.

(182) 케인스는 정부가 적극적인 공공투자에 나서 유효수요를
확대할 것을 주장했다. 케인스의 처방에 따라
루스벨트 대통령은 '뉴딜'이라고 하는 시장에 대한
정부의 개입정책을 사용했다. 미국 정부는
거액의 공채를 발행하여 막대한 투자 재원을 조달하고,
테네시 유역 개발과 샌프란시스코 금문교 건축 등
대규모 공공사업을 벌였다.
또 농산물 경작과 공산품 생산을 제한하여 공급을 억제하고
대신 보상금을 지급하는 등 광범위한 실업구제 사업에 나섰다.
뉴딜정책이 효과를 보이자 케인스의 이론은 점차 미국 정부의 경제 각료는 물론이고
경제학자들 사이에서도 설득력을 얻었다.
1970년대에 닉슨 대통령은 "우리는 모두 케인스주의자"라고 말하기도 했다.

베르나르 마리스, 『케인스는 왜 프로이트를 숭배했을까』, 조흥식 옮김, 창비, 2010.
케인스, 『고용, 이자 및 화폐의 일반이론』, 조순 옮김, 비봉출판사, 2009.
피터 클라크, 『케인스를 위한 변명』, 이주만 옮김, 랜덤하우스, 2010.

(186) **외젠 들라크루아의 「민중을 이끄는 자유의 여신」**

자유를 위해 무기를 들고 일어선 시민들의 항전을 그린 그림이다.
중앙에서 자유, 평등, 박애를 나타내는 프랑스의 삼색기를
들고 있는 여인은 '마리안느'라고 불린다.
프랑스에서 여성 이름으로 흔하게 쓰는 '마리'와 '안느'를 합해
민중을 대표하는 상징으로 만든 것이다.
'마리'는 예수의 어머니인 '마리아'와 동의어이고, '안느'는
마리아의 어머니 이름이다. 다수가 가톨릭교도인 프랑스에서
'마리'와 '안느'는 굉장히 편안한 이름이자 신성한 이름이었고
프랑스혁명으로 탄생한 프랑스 공화국을 상징하는 이름으로 널리 사용되었다.
1848년 프랑스의 상징으로 공포된 후 마리안느의 흉상은 프랑스 각 도시의 시청마다 놓이고
프랑스 우표에도 등장했다. 10년마다 지혜롭고 용감한 마리안느를 상징하는 여성을 뽑는데
유명한 배우인 브리지트 바르도, 카트린 드뇌브, 소피 마르소 등이 뽑혔다.

(189) 보부아르는 『제2의 성』에서 주체가 타자를 규정할 수밖에 없는 이유를
다음과 같이 자세히 설명하고 있다.

어떤 집단도 타자와 직접 대립하지 않고는 자기 자신을 주체로서 파악하지 못한다. (…)
주체는 대립함으로써 비로소 그 자신을 결정한다. 즉 자기를 본질적인 것으로 주장하고
타자를 비본질적인 객체로 설정함으로써 자신을 확립시켜 나가려는 것이다. 다만 다른 의식도
이 주체에 대해 같은 반응을 보이게 된다. (…) 어떤 주체도 자발적으로 단번에
비본질적인 개체로 변화하려고 하지는 않는다. 자기를 '타자'로 정하는 '타자'가
'주체'를 정하는 것이 아니다. 자기를 '주체'로서 정립하는 '주체'에 의하여
'타자'가 '타자'로서 정의되는 것이다. 그런데 타자가 주체로 변화하지 못한다는 것은,
그 타자가 상대의 그러한 관점에 복종하고 있음을 의미한다.

보부아르의 『제2의 성』 중에서

(192) 보부아르는 『제2의 성』에서 여성의 본질이 열등한 것으로 정의되는 이유를
세 가지 관점으로 분석하고 반박했다.

첫째는 생물학적 관점이다. 여성의 신체는 분명 남성보다 연약하나, 이러한 신체적 특성이
우열을 가를 수는 없다. 또 여자가 왜 타자가 되는지도 설명하지 못한다.
인간은 이미 사회를 이루고 제2의 자연을 조성하여 살고 있기 때문이다.

둘째는 정신분석학적 관점이다. 프로이트는 여성이 거세된 존재,
즉 결함이 있는 존재이기 때문에 남근을 선망한다고 분석했다.
보부아르는 이 같은 이론을 비판하면서
"남근이 그토록 가치를 갖는 것은 그것이 다른 영역에서 실현되는
절대적 권력을 상징하기 때문"이라고 말했다.

셋째는 역사유물론적 관점이다.
엥겔스와 마르크스는 여성의 종속적 지위가 기술발전에 따른
필연적인 결과이며, 계급 해방과 함께 여성 문제가
해결될 것이라고 주장했다. 그러나 보부아르는 엥겔스가
여성 억압 문제를 계급 갈등 문제와 섞고 있다고 비판하면서,
사유재산 제도가 필연적으로 여자의 예속을 가져왔다는 것이 명백하지 않다고 지적했다.
그러면서 다음과 같이 말했다. "예속 현상은 자기의 우월성을 객관적으로 성취하려고 노력하는
인간 의식 속의 제국주의의 결과다. 인간의 의식 속에 타자라는 근본적 범주와
타자를 지배하려는 근본적인 의지가 없었더라면 청동기의 발견도 여성의 압박을 초래할 수는
없었을 것이다."

보부아르, 『연애편지』, 이정순 옮김, 열림원, 1999.
보부아르, 『계약 결혼』, 이석봉 옮김, 선영사, 2001.
보부아르, 『젊은 날의 고뇌』, 정성호 옮김, 문지사, 2002.
보부아르, 『제2의 성』, 조홍식 옮김, 을유문화사, 2005.

202 왼쪽부터 차례로 『자본론』을 펴낸 혁명가 마르크스,
마르크스의 사상을 발전시킨
러시아의 공산주의자 레닌,
중국 공산주의를 건설한 마오쩌둥,
베트남의 독립운동가이자 공산주의 혁명가
호치민이다.

206 **피델 카스트로**는 쿠바의 공산주의 혁명가이자 독재자다.
쿠바혁명 당시 쿠바는 친미 정부를 이끄는 독재자
풀헨시오 바티스타의 집권 아래 있었다.
바티스타 정부는 오래 지속된 경제난으로 민심을 잃은 상태였고,
민중들은 혁명군을 지지했다.
전세가 기울어 바티스타가 망명을 떠나고,
마침내 정권을 잡은 카스트로는 대대적인 개혁을 통해
쿠바를 라틴아메리카 최초의 사회주의 국가로 탈바꿈시켰다.
이후 49년 동안 쿠바를 통치해
세계에서 가장 오래 집권한 독재자로 기네스북에 올랐다.

207 두 개의 상자

적의 급습을 받은 동지 하나가
상황이 위급하다며 지고 가던
상자 두 개를 버리고
사탕수수밭 속으로 도망가버렸다
하나는 탄약상자였고
또 하나는 구급상자였다

그런데,
총탄에 중상을 입은 지금의 나는
그 두 개의 상자 가운데
하나밖에 옮길 수 없는 상황이었다
과연,
의사로서의 의무와
혁명가로서의 의무 중에
어느 것을 선택해야 할 것인가?
나는
내 생애 처음으로 깊은 갈등에 빠졌다

너는 진정 누구인가?
의사인가?
아니면,
혁명가인가?

지금
내 발 앞에 있는
두 개의 상자가 그것을 묻고 있다

나는
결국 구급상자 대신
탄약상자를 등에 짊어졌다

체 게바라, 『체 게바라 시집』, 이산하 엮음, 노마드북스, 2007.

(208)

당신은 왜 여기에 있는가?

아르헨티나의 기자 호르헤 마세티는
1958년 체 게바라, 피델 카스트로와 나눈 인터뷰를
반란군 라디오로 송출했다.

마세티: 당신은 왜 여기에 있는가?

게바라: 나는 단지 아메리카에서 독재자들을 제거하는 유일한 길은
그들을 타도하는 것이라고 생각하기 때문에 여기에 있다.
타도는 그들의 몰락을 어떤 수단으로든 돕는 것인데,
직접적일수록 더 낫다고 생각한다.

마세티: 다른 나라의 내부 문제에 개입하는 것이 간섭으로 비칠 수 있다는 것을
걱정하지 않는가?

게바라: 나는 아르헨티나뿐만 아니라 라틴아메리카 전체가 나의 조국이라고 생각한다.
내가 나 자신과 내 모든 것을 바친다면, 내가 정당하고 대중적이라고 생각하는
대의를 위해 내 피를 바친다면, 사실상 무기, 비행기, 돈, 군대의 고문단 같은
외세의 간섭을 허용하는 독재정권 그 자체를 없애기 위해 어떤 국민을 돕는다면,
나의 헌신은 간섭으로 묘사될 수 없다고 생각한다.

체 게바라, 『체 게바라 자서전』, 박지민 옮김, 황매, 2012.

읽어볼 책

알레이다 마치, 『체, 회상』, 박채연 옮김, 랜덤하우스, 2008.
장 코르미에, 『체 게바라 평전』, 김미선 옮김, 실천문학사, 2005.
체 게바라, 『모터사이클 다이어리』, 홍민표 옮김, 황매, 2005.
체 게바라, 『체 게바라 어록』, 김형수 엮음, 시학사, 2007.
피델 카스트로, 『피델 카스트로의 체』, 김장윤 옮김, 녹두, 2003.

(220) 『부분과 전체Der Teil und das Ganze』(1969)

하이젠베르크의 학문적 자서전으로, 물리학을 공부하게 된 동기와
양자역학 이론을 정립하며 다른 학자들과 나눈 토론을 실었다.
보어, 슈뢰딩거, 아인슈타인 등 유명한 물리학자들과의 토론은
양자역학을 물리학만이 아니라 자연과 세계에 대한 인식과도 연관시킨 철학적 사색으로 이끈다.
학문이 학자들 사이의 다각적인 대화를 통해 진전된다는 점을 실천적으로 보여준다.

(227) 뉴턴에 따르면 물질의 현상은 기계적인 움직임을 갖기 때문에 규칙적이고 확정적인 값을 갖는다.
하지만 양자 이론에서는 대상의 위치를 정확히 서술하려 하면 대상의 운동량을 정확히 알 수 없고,
대상의 운동량을 정확히 서술하려 하면 대상의 위치를 정확히 알 수 없다. 하이젠베르크는
"사람이 정확하게 볼 수 없는 것이 자연의 실체"라고 말한 바 있다.
뉴턴 물리학은 기본적으로 주체와 명확하게 분리된 객관 실체로서의
물질세계를 전제로 한다. 하지만 양자 이론에 따르면 주체와 객관 대상의
전적인 분리는 성립하기 어렵다. 대상의 상태가 불확정적이고
불연속적인 것은 인식 주체의 관찰과 연관이 있다. 주체가 측정하기
전에는 여러 가능한 상태가 확률적으로 분포되어 있을 뿐이며,
과학자는 측정을 통해 이 중 하나를 선택하여 관찰한다. 인식 주체의
관찰 전후로 대상의 상태가 불연속적으로 변하기 때문에 인식 주체의
개입 없이는 제대로 과학적 인식에 도달할 수 없는 상태가 된다.

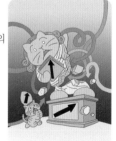

아인슈타인, 『상대성 이론』, 최규남 옮김, 동서문화사, 2015.
프리초프 카프라, 『현대물리학과 동양사상』, 이성범 옮김, 범양사, 1993.
하이젠베르크, 『부분과 전체』, 김용준 옮김, 지식산업사, 2014.

아인슈타인의 방

(236) '그라마톨로지grammatologie'는 폴란드 출신 미국 학자 겔브가 1952년에 만든 용어로,
문자, 자모, 음절, 읽기, 쓰기 등을 다루는 연구 분야, 즉 문자학을 뜻한다.
데리다의 대표 저서 제목이기도 하다. 『**그라마톨로지**』에서 데리다는
음성언어와 문자언어를 대비시키고, 음성언어 중심의 서양 형이상학적 철학을
문제 삼아 해체를 시도한다. 데리다는 음성언어를 과대평가하는 것과 책을 진리를 담는
완전한 그릇으로 간주하는 사고방식이 이성중심주의에서 비롯되는 속성이자 편견임을 밝힌다.

(240)

기존 철학은 세계를 '시간'과 '공간'이라는 대비되는 개념쌍으로 이해한다.
인간의 사고와 행위를 판단할 때도 '선'과 '악'을 적용하고, 인간의 본질을
파악할 때는 '정신'과 '육체' 또는 '이성'과 '감성' 등의 대립쌍을 동원한다.
대체로 한쪽에는 우월하고 지배적인 지위를,
다른 쪽에는 열등하고 종속적인 지위를 부여함으로써 위계질서를 만든다.
하지만 이런 쌍이 본래 있었던 것은 아니다.
이성에 의해 인위적으로 만들어낸 대조에 불과하며,
이성중심적 사고라는 점에서 서구적 사유의 근본이다.
우리는 끊임없이 나와 타자를 대립쌍으로 세워 구분하려 들지만
데리다는 이것이 불가능하며,
분리되는 순간 스스로도 존립할 수 없다고 보았다.

더 읽어야 할 책

데리다, 『환대에 대하여』, 남수인 옮김, 동문선, 2004.
데리다, 『해체』, 김보현 편역, 문예출판사, 2010.
데리다, 『마르크스의 유령들』, 진태원 옮김, 그린비, 2014.

고양이 맙소사, 소크라테스!

그림 | 박순찬
글 | 박홍순

초판 1쇄 발행일 2022년 1월 10일
초판 2쇄 발행일 2023년 3월 3일

발행인 | 한상준
편집 | 김민정·강탁준·손지원·최정휴·정수림
디자인 | 김경희
마케팅 | 이상민·주영상
관리 | 양은진

발행처 | 비아북(ViaBook Publisher)
출판등록 | 제313-2007-218호(2007년 11월 2일)
주소 | 서울시 마포구 월드컵북로 6길 97(연남동 567-40)
전화 | 02-334-6123 전자우편 | crm@viabook.kr
홈페이지 | viabook.kr

ⓒ 박순찬, 박홍순, 2022
ISBN 979-11-91019-63-6 03100

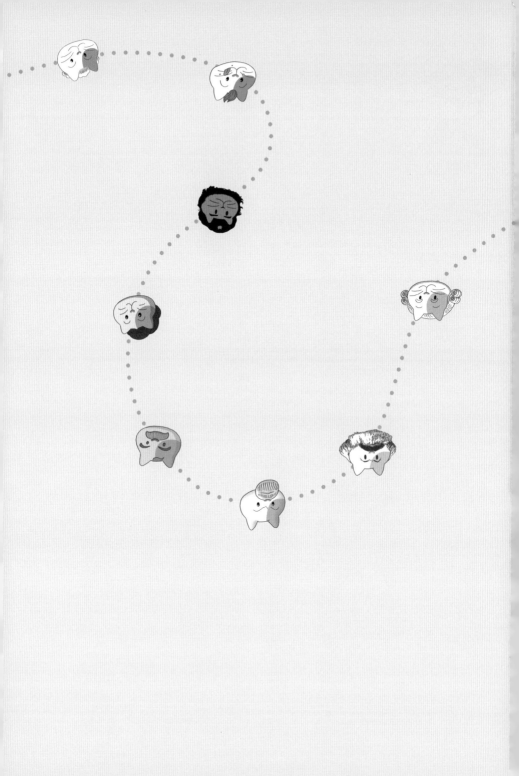